品教育经典
学创新育人

——《爱弥儿》启示录

夏　霞　杨福伟　李广锐　主编

哈尔滨出版社
HARBIN PUBLISHING HOUSE

图书在版编目（CIP）数据

品教育经典　学创新育人：《爱弥儿》启示录 / 夏
霞, 杨福伟, 李广锐主编. -- 哈尔滨 : 哈尔滨出版社,
2025. 5. -- ISBN 978-7-5484-8309-0

Ⅰ. G40-095.65

中国国家版本馆CIP数据核字第20241KZ994号

书　　名：品教育经典　学创新育人——《爱弥儿》启示录
PIN JIAOYU JINGDIAN　XUE CHUANGXIN YU REN——《AI MI ER》QISHI LU

作　　者：夏　霞　杨福伟　李广锐　主编
责任编辑：李维娜
封面设计：李方方

出版发行：哈尔滨出版社（Harbin Publishing House）
社　　址：哈尔滨市香坊区泰山路82-9号　　邮编：150090
经　　销：全国新华书店
印　　刷：北京鑫益晖印刷有限公司
网　　址：www.hrbcbs.com
E-mail：hrbcbs@yeah.net
编辑版权热线：（0451）87900271　87900272
销售热线：（0451）87900202　87900203

开　　本：710mm×1000mm　　1/16　　印张：14　　字数：190千字
版　　次：2025年5月第1版
印　　次：2025年5月第1次印刷
书　　号：ISBN 978-7-5484-8309-0
定　　价：58.00元

凡购本社图书发现印装错误，请与本社印制部联系调换。
服务热线：（0451）87900279

前　言

　　在教育的广阔海洋中，经典著作犹如璀璨的灯塔，照亮了求知的路途。深入阅读教育经典，不仅是对过往智慧的传承，更是对未来种子的滋养。

　　作为一线的班主任，每年会经历各种各样的继续教育，听各种各样的专家做报告，大家普遍会感觉到，很多事我也做了呀，甚至比这些专家做得还扎实，为什么我就是提炼不出来呢？原因都会归于理论水平低。

　　2020年，当河南省名班主任工作室在我们学校挂牌后，学校招募了一批优秀的班主任，他们都有市级优秀班主任的名号，可当我们日常研修时发现，我们的目光往往会只盯住眼前，而忘了仰望星空，缺乏前瞻性。在公众号上推文时，大家的文章更多都是谈实践经验，不聚焦，更不成体系，每篇文章都像是散落的"珍珠"，那么，如何带领老师们将其"串珠成链"呢？答案就是阅读教育经典！

　　首先，阅读教育经典可以传承智慧。教育经典汇聚了先辈们的思想精华和教育智慧，通过认真研读这些作品，我们能够站在巨人的肩膀上，洞察教育的本质与规律，从而更有效地指导现代教育实践。

其次，阅读教育经典可以启迪思考。这些经典之作往往提出了许多前瞻性的教育理念和独到的见解，促使教育工作者及研究者深思，激发创新思维，引领教育改革与发展的方向。

再次，阅读教育经典可以塑造品格。阅读教育经典不仅仅是知识的积累，更重要的是通过其中的道德观念、人生哲理来熏陶读者的情操，培养其正直、谦逊、坚韧不拔的品质，这对于教育者来说尤为重要。

最后，阅读教育经典可以促进对话。教育经典作为跨越时空的对话桥梁，使不同文化和背景下的教育工作者能够交流思想，分享经验，共同推进全球教育的发展。阅读教育经典，就是与历史上伟大的教育思想家进行对话，是获得知识、启发智慧、提升精神境界的宝贵机会。

因此，"阅读教育经典，传播教育温暖，让更多的人受益"成了我们工作室的初衷。

读什么呢？

在中国古代，孔子的教育思想堪称典范。他主张"有教无类"，打破了贵族对教育的垄断，让更多的人有机会接受教育。孔子还强调"因材施教"，根据学生的个性和才能进行有针对性的教育，培养出了众多杰出的弟子。《论语》中记载的孔子与弟子的对话，蕴含着深刻的教育哲理，如"学而时习之，不亦说乎""温故而知新，可以为师矣"等，至今仍被广泛传颂。

古希腊哲学家柏拉图的《理想国》则为西方教育奠定了基础。他认为教育的目的是培养"哲学王"，通过教育，人们具备勇敢、节制和正义等美德。柏拉图提出了早期教育的重要性，主张对儿童进行音乐、体育和数学等方面的综合培养，为其未来的发展打下坚实的基础。

近代以来，捷克教育家夸美纽斯的《大教学论》标志着教育学成为一门独立的学科。他提出了"泛智教育"的理念，主张将一切知识传授给一切人。夸美纽斯还系统地阐述了班级授课制，为大规模的学校教育提供了可行的模式。

在现代，美国教育家杜威的"实用主义教育"思想对世界教育产生了深远影响。《民主与教育》主张"教育即生活""学校即社会"，强调教育要与实际生活相结合，培养学生的实践能力和创新精神。杜威认为，教育不应仅仅是知识的传授，更应关注学生的个性发展和社会需求。

这些都是我们班主任工作室的候选书目，最终我们选择了法国启蒙思想家、教育家卢梭的《爱弥儿》，他的自然教育观强调教育要顺应儿童的成长规律，和当今的教育现实比较贴合。有时我们过于强化智育，而忽视了生活教育，孩子似乎除了学习没有了别的童年记忆，我们决定重读这本教育经典，让我们从事教育的初心更坚定一些。

怎么读呢？

为了避开往常的自由读，读后无交流、无反思等问题，这次我们采用"三品"经典，一品是读，每位成员都有一本《爱弥儿》，大家都读，然后交流感悟和反思；二品是讲，大家按照原著的目录，每人选择一到两个章节进行讲解，向工作室公众号里发送音频，这是对经典的二次内化，每个人对每节的文本会有不同的思考角度，所以讲的侧重点也不同；三品是用，学习了教育经典，掌握了教育理论，还必须与教育实践相结合，无论是对自己过去教育实践的反思，还是对现在教育实践的指导，要让教育理论在教育实践中有生根点，也是对我们刚开始说的"教育理论水平低"的最佳回应。

两年时间，我们坚持下来了，也许文字会显得粗糙一些，也许观点可能不够前瞻，我们会继续努力。在这里，特别感谢我们的张南峭书记一直鼓励我们，他的一本本的个人专著给我们带来很大的动力；也感谢三名书系邢老师的指导，他和我们每一次的沟通都那么有耐心。正是有了你们的鼓励，这本书才得以出版与发行。

当然，任何一件事都不会那么完美，这本书也一样，我们经历了很多挫折，中间有成员的退出，有工作与写作的冲突等，但不管怎样，在周围各位领导、朋友的帮助下，最终，我们的一些想法有机会和大家见面，感谢各位对我们作品的支持与鼓励！更期待对您有一丝影响。

目　录

第❶章

顺应儿童天性的教育

在 教育的广袤天地中，有一种理念如璀璨星辰般闪耀，那就是顺应儿童天性的教育。

儿童，是大自然最灵动的创造，他们带着纯真与好奇来到这个世界。每个孩子都拥有独特的天性，如同色彩斑斓的画卷，等待着我们去发现和呵护。

顺应儿童天性的教育，首先，要尊重他们的好奇心。孩子们对周围的一切都充满了疑问，天空为什么是蓝色的？鸟儿为什么会飞翔？花朵为什么如此美丽？这些看似幼稚的问题，却是他们探索世界的第一步。我们不应轻视或厌烦这些问题，而应耐心地引导他们去寻找答案，激发他们的求知欲。在这个过程中，孩子们会逐渐学会思考、观察和解决问题，为他们的未来奠定坚实的基础。

其次，要保护他们的想象力。儿童的想象力是无穷无尽的，他们可以在脑海中构建出奇幻的世界，与精灵共舞，与外星人对话。我们不能用成人的思维去束缚他们的想象，而应给予他们自由发挥的空间。我们可以通过绘画、故事创作、手工制作等活动，让他们尽情地展现自己的想象力。这些活动不仅能培养他们的创造力，还能让他们在快乐中成长。

再次，顺应儿童天性的教育还要关注他们的游戏需求。玩游戏是儿童的天性，是他们认识世界、学习社交技能的重要方式。在游戏中，孩子们可以学会合作、竞争、分享和遵守规则。我们可以为他们提供丰富多样的游戏环境，让他们在玩耍中学习、在学习中玩耍。例如，通过角色扮演游戏，孩子们可以体验不同的职业和生活场景，从而培养他们的责任感和同理心；通过户外运动游戏，孩子们可以锻炼身体，增强体质，从而培养他们的勇敢和坚强品质。

从次，顺应儿童天性的教育要注重个体差异。每个孩子都是独一无二的，他们的兴趣爱好、学习方式和发展速度都有所不同。我们不能用统一的标准去衡量他们，而应根据他们的特点和需求，制定个性化的教育方案。对于喜欢阅读的孩子，可以为其提供更多的书籍和阅读机会；对于喜欢音乐的孩子，可以给予他们学习乐器和参加音乐活动的机会；对于动手能力强的孩子，可以引导他们参与科学实验和手工制作等活动。

最后，顺应儿童天性的教育，不是放任自流，而是在尊重和理解的基础上，引导他们健康成长。它需要我们教育者用心去倾听孩子们的声音，用爱去呵护他们的心灵，用智慧去激发他们的潜能。只有这样，我们才能真正点亮教育之光，让每个孩子都能绽放出属于自己的光彩。

教育应顺应孩子的天性

主讲人：杨福伟

教育要顺应自然。

"教育要顺应自然"是西方著名教育家和哲学家亚里士多德的教育主张，得到了法国教育家卢梭的传承和创新，尽管引起后人的争议，但为自然教育理论的丰富奠定了基础。

《道德经》中说道："域中有四大，而人居其一焉。人法地，地法天，天法道，道法自然。"宇宙之间有四大，而人居其一。老子所说的"天地"，指的是"我"所处的环境。"物"指的是宇宙的初始态。老子将这初始态称为"道"，而"道"纯任自然。归根结底是要求人类效法自然规律，寻求并制定出完善的人生法则和社会法则。教育是"自然"还是"不自然"，取决于施教者和受教者两个不同教育主体及相互的协同关系，也取决于两个不同教育主体与周边环境态势的关系。此乃中西合一。

教育要顺应孩子的天性，这一理念强调了教育过程中对个体差异的尊重和对自然成长规律的遵循。传统教育模式往往采取"一刀切"的教学方法，忽视了每个孩子独特的兴趣、能力和学习节奏。而顺应天性的教育，则倡导观察和理解孩子的内在需求，提供个性化的指导和环境，以激发他们的潜能，促进全面发展。

我们今天的教育观就是教育要顺应学生的年龄特征。

从认知方面来说，七年级学生刚进入少年期，身体发育、知识经验、心理品质方面依然保留着小学生的特点。从心理特征来说，学生思维的独立性与依赖性共存，不愿让大人管，但在学习和生活中遇到具体困难时希望得到老师和家长的帮助，所以对于七年级学生来说很重要的一件事情就是要尽快适应新的生活，重视"养成教育"，成功的养成教育是学生初中阶段学习成绩优秀的重要保证；重视基础知识，七年级学生不要追求"难度"和"进度"，才有可能在整个中学阶段学得轻松而有成效。

对此，我们学校的教学校长程雷的观点就是，要给七年级学生装上多个"小程序"：如何整理自己的书包、如何交作业、如何晨读、如何打扫卫生、如何预习、如何听课、如何做笔记、如何整理自己的抽屉、如何做时间规划等。要求全体班主任要以课程的形式讲给学生，不但要讲，而且要多次练习，还要有评价，就是希望学生能养成好的习惯，让学生学会有条理的学习。

到了八年级，绝大多数孩子已经进入青春期，男生、女生的身体都发生了显而易见的变化。但家长和社会往往对性知识教育采取回避甚至耻于谈论的态度，这很容易导致青春期的孩子产生烦恼。这个年纪的孩子独立性有较大的发展，自尊心增强，表面上好像什么都不在乎，实际上从众心理很重，既想标新立异又担心脱离集体。于是，有的孩子出现了紧张、焦虑、自卑等不健康心理，进而出现程度不同的对抗、逃避、说谎、破坏、暴力等青春期叛逆行为。这段时间，家长和老师一定要降低姿态，多和孩子进行平等的沟通，随时了解孩子的心理变化，及时发现问题的苗头，及时开展心理疏导，保证孩子在健康的心理轨道上发展。

在这里分享一个案例，案例中的这位妈妈就是因为不了解青春期男生的情感特征而误会了自己的儿子。

"杨老师，我咋养了一个白眼狼？前天晚上，我儿子说想吃炸酱面，我昨天一下班就赶紧买了最新鲜的牛肉、胡萝卜，还做了他最喜欢吃的两个小菜，盯着表，算着时间，等他快到家了，我才下了面条。等他吃完了，我问他，味道咋样，谁知他脸都不扭一下，就三个字——'就那样'。为此，我越想越生气，我这是图的啥？这个孩子真是个白眼狼……"

从这个案例中不难看出，一个成熟女性期望一个情感经验为零的男孩说出她想听的话，其实男孩的妈妈并没有真正了解到此时孩子的年龄特征，她对孩子的教育更谈不上顺应自然。

九年级孩子的观察力接近成人水平，意义识记占主导地位，思维活动已达到抽象、概括的水平；学习兴趣基本稳定，学习成绩亦开始相对稳定；独立性进一步获得发展，学习能力有了很大提高，喜欢自己自由独立地组织、开展一些活动。那么，作为老师和家长，要根据这些特征，着力培养和发展他们独立学习、独立生活的能力，同时为中考做准备，与孩子一起了解当下学习情况和状态，设定目标，协商方法。面对中考，学生和家长都有压力，家长辅导孩子功课时，就要注意根据学生的知识水平进行，更要侧重培养孩子的独立思考能力。有一个家长朋友，1986年时，以高分考上了中国人民大学，用现在的话来说，也算是一名学霸了。他还特别有心，他将自己从初一到初三做过的习题集、错题本都一一保存下来了，当时就想着，将来自己有了孩子可以按照这个套路走，因为自己就是这么走过来的，孩子再差也会考上大学的。转眼间，孩子就到了初中，可数学成绩就是上不去。这位家长也是百思不得其解，为什么孩子按着自己的套路，做着当年的习题，自己也很有耐心地进行辅导，为什么就不行呢？其实上面的家长犯了两个错误：

一是没有意识到知识在不断地更新，即便是理科知识，它也是在不断地更新的，所以用十几年前的习题来应对眼前的考试肯定是不行的。

二是孩子是个独立的个体，尽管有遗传的因素在，但是在学习过程中所出现的问题不可能与家长一样，这就是个体的差异性。

那么，家长在辅导孩子功课时，有三大忌。

一忌不了解孩子的知识水平，用孩子没学过的知识或方法辅导孩子。有些家长在辅导孩子的时候经常会感觉孩子笨，啥都不会，殊不知家长用的都是孩子没学的知识，孩子越听越迷糊，家长越辅导越来气，越讲越烦，感觉孩子太笨，学校老师啥都没教。这就是好多家长所说的那种，"不提学习一切都好，一辅导孩子作业就会鸡飞狗跳"，亲子关系立即恶化。所以，家长要注意了解孩子的知识结构，最好能同步看一下孩子到底学过哪些知识，掌握到什么层次，站在孩子的视角去处理问题。

二忌多讲少听，家长要多站在孩子的角度去思考。先听听孩子是什么想法，需要什么帮助，准备怎么解决，家长应给"搭梯子"，而不是从头讲到尾，一遍不行讲两遍，这样长时间下去，孩子也会烦。所以，家长在辅导孩子功课时，要少讲多听。

三忌家长迎难而上。孩子看到难题一退缩，家长就上，似乎不是孩子的事，而是家长的事。家长的思考不能替代孩子的思考，也不利于培养其独立思考能力，也让孩子失去了一次抗挫机会。

那么，教育到底该如何顺应自然呢？

首先，教育要尊重个体差异。每个孩子都是独一无二的，他们有着不同的兴趣、天赋和学习方式。顺应天性的教育鼓励教师和家长去发现并尊重这些差异，而不是强迫孩子适应固定的模式。例如，有些孩子可能对艺术和音乐天生敏感，而另一些孩子则可能更擅长逻辑思维和数学。教育者应该提供多样化的学习资源和活动，让每个孩子都能在自己擅长的领域发光发热。

其次，教育要给孩子提供探索的空间。孩子的好奇心和探索欲是他们学习的重要驱动力。顺应天性的教育鼓励孩子在安全的环境中自由探索，通过亲身体验和实践学习。这种"做中学"的方法能够激发孩子的主动性和创造性，帮助他们建立对学习的持久兴趣。例如，通过户外活动、实验、艺术创作等方式，孩子可以在实践中学习科学原理、艺术表达或团队合作，而不仅仅是通过课本和讲座来获取相关知识。

再次，教育要强调情感和社交发展。教育不仅仅是知识的传授，还包括情感、社交和道德品质的培养。顺应天性的教育重视孩子的情感需求，提供一个支持和鼓励的环境，帮助他们建立自信，学会表达和控制情绪。同时，通过团队活动和合作项目，孩子可以学习如何与他人相处，培养同理心、责任感和领导力。

最后就是教育要重视家庭和学校的共同作用。顺应天性的教育需要家庭和学校之间的紧密合作。家长应该成为孩子的第一任老师，通过日常互动观察孩子的兴趣和需求，与学校保持沟通，共同为孩子提供一个支持性的成长环境。学校则应提供多样化的课程和活动，鼓励家长参与，形成教育合力。

顺应孩子的天性，意味着教育者和家长需要有耐心和洞察力，尊重孩子的成长节奏，提供适合他们发展的环境和资源。这样的教育能够激发孩子的内在潜能，培养他们成为有创造力、有责任感、有同情心的个体，进而使孩子为未来社会做出积极贡献。

以上就是我对"教育要顺应自然"的理解，让我们一起走进教育经典，希望《爱弥儿》这本书能让更多的人受益。

无拘无束地成长

主讲人：袁征

常常能听到许多家长焦虑地询问如何培养出优秀的孩子。然而，在追求优秀的道路上，我们是否忽略了孩子最本真的需求——无拘无束地成长。

孩子来到这个世界，如同一张纯净的白纸，他们有对世界的好奇和探索的渴望。在他们的眼中，一切都是新鲜的、未知的。他们会蹲在地上观察蚂蚁搬家，会对着天空中的云朵发呆，会因为捡到一片漂亮的树叶而欣喜不已。这些看似微不足道的行为，却是他们认识世界、感受生活的方式。

卢梭是18世纪法国启蒙思想家、哲学家、教育家、文学家。卢梭认为，人的教育分为自然的教育、社会的教育和公民的教育，但是只有先将孩子培养成一个自由而独立的人，才能进行社会和公民的教育。为此，他将教育分为四个时期，0~1岁的婴儿期，2~12岁的儿童期，

13～15岁的少年期和16～20岁的青年期。关于教育的本质，他认为："我们的才华和各个器官的发育，都是自然的教育；如何使用这种才华和教育，就是他人的教育；从影响我们的事物上得到的经验，便是事物的教育。"为了能够更加生动地说明儿童每个时期的成长规律和该时期的教育重点，卢梭虚拟出一个男孩的形象——爱弥儿。为了阐述他的爱情教育观，卢梭又创造出一个女孩形象——苏菲。虽然他认为男孩和女孩的培养是不一样的，要分别培养，但是都应该遵循孩子自然的成长规律。他让爱弥儿在乡下自由地、无拘无束地成长，穿最朴素宽松的衣服，吃最简朴的食物，喝不含任何东西的清水，在自然的教导下，持续锻炼身体，造就强壮的体格。在智力的培养上，卢梭主张顺应孩子天性，让孩子去观察大自然，激发其学习的好奇心和兴趣，而不是让其在父母的压制和威胁中去学习。在情感和品德的培育上，他也不主张过多干预，因为孩子如果知道太多事情和形象、听过太多的训诫，他的感官就会变得迟钝，不会用自己的思维去思考这件事情。就比如要想庄稼长得好，一个好的办法就是尽力放缓作物的生长过程，让它们的发育变得稳定。因此，不要让一个儿童在没有能力做成人的事情的时候强迫他长大成人。我觉得这句话尤为适合当今的时代。

当今的时代是一个成长焦虑泛滥的时代，就比如在教婴儿说话这件事上有些家长就操之过急，孩子还这么小就已经被拿来相互比较了。而不少的视频App，就有让学前儿童提前学英语、学编程等的广告。一部分家长在这种营销方式的耳濡目染下，就会强迫孩子去学一些本不是他们这个年纪该学的东西。营造家长的焦虑就成了商家们营销的利器。美其名曰是"为了未来有更好的生活"，其实是为了满足自己的欲求。在这些家庭里，给孩子们种种限制，上各种兴趣班，为的只是他们在许久的将来可能享受不到的幸福。即便教育目标合理，可是每当我们看到那些孩子不停地学习，我们不禁怀疑这种方式对他们是否真的有益。他们在本该快乐的年纪，却在哭泣、惩罚、威胁中度过。卢梭的自然教育法劝诫我们不要忘记适应环境，不要追逐幻想。万物皆有序，人类也有其位置；在生命的秩序中，童年也有自己的位置。我们要把大人和小孩区别看待。孩子们的天性就是爱玩，为什么我们要剥夺他们的天性呢？要关心爱护儿童，陪他们做游戏，让他们快乐，维持他们可爱的本性。童年本就短暂，为什么不让他们好好享受这短暂的童年时光呢？为此，应该减少我们负担不起的欲求，使孩子的能力和我们的欲求之间得到平衡，我们的生活才会井井有条。

让孩子无拘无束地成长，并不是放任自流，而是要给予他们足够的空间和自由，让他们能够在安全的范围内去尝试、去犯错。当孩子在探索的过程中遇到困难时，我们可以给予适当的引导和帮助，而不是直接告诉他们答案。这样，孩子才能学会独立思考，培养解决问题的能力。

然而，现实生活中，有些家长却早早地给孩子套上了"枷锁"。各种辅导班、兴趣班占据了孩子的课余时间，他们没有时间去玩耍、去探索。家长们总是以"为你好"的名义，给孩子规划好未来的道路，却忽略了孩子内心的声音。有一个媒体记者问过我：从事了这么多年的基础教育工作，最大的遗憾是什么？我的回答是，最大的遗憾是孩子本人喜欢的、上大学所学的、所从事的工作三点不共线，这是教育资源的极大浪费，也是人生的痛苦和不幸。所以说我们要让孩子及早地认识自己、了解自己的性格和爱好，能够选择自己喜欢的专业，从而在未来能从事自己喜欢的工作，这是多么幸运的事！

无拘无束的成长环境还能激发孩子的创造力。孩子们的想象力是无限的，他们没有被成人世界的规则和观念所束缚。在今天，尽管科学技术快速发展，孩子的想象力也是人工智能无法替代的。要想让孩子有丰富的想象力，就不能给予过多的要求与束缚，就要给他们自由发挥的空间，他们才可能创造出令人惊叹的作品。比如用积木搭建出一个奇幻的城堡，用画笔描绘出一个五彩斑斓的世界，用丝绸设计出一件精致的民族服饰。

现在的有些家长抱怨孩子脾气暴躁、易怒、爱哭等，其与家长的过度管理也有一定的关系。因为他们最开始接触的行为，就是权威和压迫。在不会走路时，他就得听别人的摆布了。有的时候，大人惩罚了他，可他认识不到自己犯下的错误，事实上是他其实还没有犯错的能力。就这样，在他很小的时候，大人就把这些错误的行为灌注在他幼小的心灵中，成了一种被说成"天性"的东西。于是，寻找管控他人的弱点，是孩子最关心的事情之一，并且会演变得越来越恶劣，脾气越来越大，越来越喜欢哭闹。虽然家长拥有权威，但有的时候也会被他们"打败"。而产生这种现象的原因，并不是他们的天性就是这样，而是他们想要打破家长的权威，努力挣脱强加的束缚。所以，他们就开始寻找家长的弱点，一旦找到家长的弱点以后，就有了达到目的的最佳方法。因此，我们应顺应儿童的天性，避免过于严厉。但不是说就可以放任不管，我们也要避免过于放任。放任孩子不管，会让他们的生命和健康遭遇危险、经历苦难。遵循自然的法则，让孩子拥有有节制的自由，让他经历小小的磨难，这些小小的磨难会不断地磨砺孩子。用各种各样的考验来打磨孩子的品性，让孩子从小就学会和痛苦相处的方式。因为只有体会过痛苦的人，才会理解善良和温暖，和别人和善相处。那怎样让孩子遭受挫折呢？卢梭采取的方式就是不断满足孩子的需求，每当他想要什么的时候，就给他什么，让他的欲求无止境地增加。当有一天，你不再有能力满足他的欲求而拒绝他时，这会使他比得不到东西更难受。人的天性会让他们把看到的东西都当作自己的。所以当一个孩子想要什么就有什么时，他会以为他自己拥有一切。但是，父母不可能会有能力永远满足孩子的需求。于是，当你拒绝给他某个想要的东西时，他会把你的拒绝当作反叛，认为自己遭受了不公平的待遇。对别人的好意不但不会感谢，而且会当作理所当然，稍不顺意，他就会大发脾气。身体过于舒服，精神就会被摧残。因此，让他从小就经历这些来磨砺他的品性，长大以后走上社会才能接受失去和不甘，与人和睦交往。

让孩子无拘无束地成长也有助于培养他们的个性。每个孩子都是独一无二的，他们有自己的兴趣爱好、性格特点。我们不应该用统一的标准去衡量他们，而是要尊重他们的个性，让他们在自己擅长的领域发光发热。

在孩子的成长过程中，我们要学会放手，让他们去经历风雨，去感受生活的酸甜苦辣。只有这样，他们才能真正地成长，成为一个有独立人格、有创造力、有责任感的人。

卢梭的自然教育观顺应了儿童的成长规律，具有一定的合理性。但是他的教育观也有缺陷，比如他人为地将儿童的各个年龄阶段进行划分，还将各个阶段的教育完全割裂开来进行，这与我们现在所倡导的教育不符。但是卢梭的自然教育理论里的合理部分，比如说自然教育方法，是永不过时的精华，值得我们借鉴和思考。让我们一起为孩子创造一个无拘无束的成长环境，让他们在自由的天空中翱翔，绽放出属于自己的光彩。

爱弥儿

主讲人：张浩

《爱弥儿》是法国资产阶级民主主义者、杰出的启蒙思想家卢梭的重要著作。所谓的"爱弥儿"只是卢梭为了阐述自己的理念所假想的一个教育对象。作者通过自己假想的"爱弥儿"来阐述自己的教育哲学和教育理论。《爱弥儿》一书轻松而严谨的语言，通俗易懂的词句，娓娓道来，一气呵成。细细品读蕴藏在其中的教育思想和哲理，我感触颇多。在读完本节内容之后，我印象最深刻的一句话是："我甚至希望所有父母和孩子都是这样的，也认为彼此不能分离，把他们一生的命运当成一家人共同的目标。"在文中作者还说："如果亲子能够一直生活在一起，彼此尊重，他们就会彼此爱护，关系变得十分亲近。若是孩提时就一起生活，长大时还能从长辈身上学到很多的东西，孩子也会觉得很幸运。如果父母也用心教育，等待果实成熟之时，在他们的培养下，孩子身上的种种品德，便是他成年后可以享用的资本。"作者认为亲子能够一直生活在一起，彼此尊重，这样才会对孩子的教育产生积极的影响，我很认同这样的观点。也就是说孩子的成长离不开父母的陪伴和共同教育。

家庭是孩子成长的摇篮，原生家庭作为个体生命最初的成长环境，对孩子的一生都起着至关重要的作用。从情感的培养到性格的塑造，从价值观的形成到人际关系的处理，原生家庭的影响无处不在。卢梭之所以要假想一个这样的"爱弥儿"，其实就是为了营造一个理想化的原生家庭，父母都是懂得教育规律的人，能够顺应自然教育。

那么，原生家庭对于一个孩子的成长有什么影响呢？

一、原生家庭对孩子情感的影响

（一）安全感的建立

在一个温暖、稳定的原生家庭中，孩子能够感受到父母的关爱和支持，从而建立起安全感。这种安全感是孩子心理健康的基础，有助于他们在面对外界挑战时保持自信和勇敢。相反，在一个充满冲突、冷漠的原生家庭中，孩子可能会缺乏安全感，表现出胆小、敏感、焦虑等情绪问题。

例如，电影《芳华》中的何小萍，从小生活在一个缺乏关爱的家庭中。父亲被劳改，母亲改嫁后对她也不重视。在这样的原生家庭环境中，何小萍极度缺乏安全感，性格变得内向、自卑，在进入文工团后也难以融入集体，经常受到他人的欺负和排挤。

（二）情感表达能力

原生家庭中的情感氛围会影响孩子的情感表达能力。如果父母善于表达情感，孩子也能学会用恰当的方式表达自己的情感。而如果父母压抑情感，孩子便可能学会隐藏自己的情感，导致情感沟通不畅。此外，原生家庭中的情感互动模式也会影响孩子的人际关系。例如，在一个充满争吵的家庭中长大的孩子，可能会在与他人交往中表现出攻击性；而在一个充满爱的家庭中长大的孩子，可能会更加友善、宽容。

如孙某成长在一个单亲家庭，父母离异后，母亲独自抚养她长大。其母亲虽然生活艰难，但她从不压抑自己的情感，总是给予她满满的爱和鼓励。在这样原生家庭的影响下，孙某学会了勇敢地表达自己的情感，无论是在工作上还是在生活中，她都能真诚地与人沟通交流，展现出积极向上的情感状态。

二、原生家庭对孩子性格的影响

（一）内向与外向

原生家庭的环境和教育方式会影响孩子的性格倾向。如果父母鼓励孩子独立探索、与人交往，孩子可能会更加外向、开朗；而如果父母过度保护孩子，限制他们的活动范围，孩子可能会更加内向、胆小。此外，父母的性格特点也会对孩子产生影响。如果父母性格开朗、乐观，孩子可能会受到积极的影响；而如果父母性格沉闷、消极，孩子可能会变得内向、抑郁。

如李某的原生家庭充满了冷漠和压抑。父亲性格暴躁、不务正业，母亲则长期离家。在这样的家庭环境中，李某的性格变得敏感、内向。她在日常生活中常常流露出对人性的深刻洞察和对孤独的感悟，这与她在原生家庭中形成的性格特点密切相关。

（二）自信与自卑

在一个充满鼓励和支持的原生家庭中，孩子能够建立起自信，相信自己的能力和价值。而在一个经常批评、指责孩子的原生家庭中，孩子可能会产生自卑心理，对自己缺乏信心。自信的孩子在面对挑战时会更加勇敢、积极，而自卑的孩子则可能会退缩、逃避。

在成长过程中，某篮球巨星得到了父母的充分鼓励和支持。他的父亲经常和他一起打篮球，并且不断地鼓励他追求自己的梦想。在这样的原生家庭氛围中，他建立起强大的自信，敢于挑战自我，最终成就了传奇人生。

三、原生家庭对孩子价值观的影响

（一）道德观念

原生家庭是孩子道德观念形成的重要场所。父母的言传身教、家庭的价值观取向都会影响孩子的道德判断和行为选择。如果父母注重道德教育，以身作则，孩子也会树立正确的道德观念；而如果父母行为不端，孩子可能会受到不良影响，形成错误的道德观念。比如，一些家庭中父母注重诚信、善良、勤劳等品德的培养，孩子在这样的环境中成长，也会养成良好的道德品质。相反，若父母存在欺诈、自私等不良行为，孩子很可能会模仿，从而形成错误的道德观念。

（二）人生目标

原生家庭的期望和价值观会影响孩子的人生目标。如果父母对孩子有明确的期望，鼓励他们追求自己的梦想，孩子可能会更加有动力去实现自己的人生目标。而如果父母对孩子的期望过高或过低，或者没有给予孩子足够的支持和鼓励，孩子可能会感到迷茫，不知道自己的人生方向在哪里。如王某的原生家庭虽然不完美，但他的养父母给予了他充分的关爱和支持。他们鼓励其追求自己的兴趣爱好，培养了他的创造力和冒险精神。在这样的原生家庭影响下，王某树立了改变世界的人生目标，最终通过某公司的创新产品实现了自己的梦想。

完整的家庭这个画面或许是最能打动人的画面之一，但是如果这个画面少了任何一笔，整个画面就失去了意义。其实父母是孩子真正的老师，夫妻间应该在教育孩子的做法上达成共识。父母不能以贫穷、工作和自尊为由逃避教育孩子的责任。

而父母的引导要顺应自然规律。那么，应该怎样做？第一个原则是要满足孩子身体的需求，不管是在精神方面还是物质方面，尽量弥补他们的劣势。第二个原则是在帮助孩子的时候必须明确，只有在他们真正需要时才施以援手，不能轻易理会他们无缘无故的欲望。第三个原则是多给孩子真正的自由，不让他养成命令别人的习惯，多让他动手，家长少越俎代庖。要趁早让孩子养成习惯，把他们的欲望控制在其力所能及的范围内，这样他们就不会因过多的欲望而吃苦头了。

每个孩子的成长都离不开良好的家庭教育，在孩子上学以后，家庭教育依然是对孩子行为影响的重要因素，那么想要给孩子非常正确的引导和教育，作为父母就一定要付出非常多的精力和时间去培养和教育孩子，并且要给孩子提供和谐的家庭生活，这对于孩子的家庭教育是非常重要的。

当然，理想归理想，现实中有不少原生家庭是有问题的，我们很多成年人都有原生家庭的影子，那么，如何降低有问题的原生家庭对孩子的影响呢？

1. 学会自我认知与反思

孩子在成长过程中，应该逐渐学会自我认知和反思，了解自己的情感、性格、价值观等方面受到原生家庭的哪些影响。通过自我认知，孩子可以更好地理解自己的行为模式和情绪反应，从而有针对性地进行调整和改变。同时，孩子也可以通过反思原生家庭的不足之处，避免将不良的影响传递给下一代。

2. 寻求外部支持

如果孩子觉得原生家庭的负面影响过大，可以寻求外部支持。例如，与朋友、老师、心理咨询师等交流，分享自己的感受和困惑，获得他们的建议和帮助。此外，孩子也可以通过阅读、参加培训等方式，学习心理健康知识和自我成长技巧，提高自己的心理素质和应对能力。

3. 创造新的成长环境

孩子在成年后，可以通过创造新的成长环境来减少原生家庭的负面影响。例如，选择一个与原生家庭不同的生活方式、社交圈子、职业发展道路等，让自己接触到更多积极的人和事物。同时，孩子也可以通过建立自己的家庭，创造一个温暖、和谐的家庭氛围，为自己和下一代提供更好的成长环境。

原生家庭对孩子的影响是深远而复杂的。它在情感、性格、价值观等方面都起着重要作用。然而，我们不能将孩子的成长完全归因于原生家庭，孩子在成长过程中也会受到其他因素的影响。同时，我们也不能忽视原生家庭的负面影响，应该通过自我认知、寻求外部支持、创造新的成长环境等方式，减少原生家庭的不良影响，为孩子创造更健康、更美好的成长环境。只有这样，我们才能培养出具有健全人格、积极心态和良好价值观的孩子，为社会的发展做出贡献。

总之，要尊重孩子们的感受和想法，以保证和谐的家庭生活，一个温暖的家对于孩子来说才是最好的礼物。

认识我们的孩子

主讲人：许哲

《爱弥儿》是法国启蒙运动时期著名启蒙思想家卢梭的作品。第一卷主要论述爱弥儿从出生到两岁，即其在婴儿期的自然教育。

孩子是父母爱的结晶，是未来的希望。当我们的孩子出生时，我们不仅要满足他们的物质需求，还要抚养他们长大，更要了解自己的孩子，教会他们人生的道理，教会他们如何承担社会重任。

孩子的成长是一个复杂而奇妙的过程。每个孩子都是独一无二的，他们有着自己的个性、兴趣和潜力。作为父母、教育者以及社会成员，认识我们的孩子是至关重要的。只有真正了解孩子，我们才能给予他们恰当的关爱、引导和教育，帮助他们充分发挥自己的潜力，成长为有责任感、有创造力、有爱心的人。

家庭教育的第一课是认识自己的孩子。

一、父母要认识孩子生理发展的阶段性特征

（一）婴幼儿期

在婴幼儿期，孩子的身体迅速发育。从出生时的弱小无助到逐渐学会抬头、翻身、坐立、爬行和行走，他们的身体机能不断增强。这个阶段的孩子对营养的需求极高，合理的饮食和充足的睡眠是他们健康成长的基础。同时，家长和照顾者要注意孩子的安全，为他们创造一个安全、舒适的生活环境。

（二）童年期

进入童年期，孩子的身体继续成长，身高逐渐增长和体重逐渐增加。他们的运动能力也不断提高，开始参加各种体育活动。在这个阶段，孩子的免疫系统逐渐成熟，但仍需要注意预防疾病。家长和老师要鼓励孩子养成良好的生活习惯，如合理饮食、适量运动、讲卫生等。

（三）青春期

青春期是孩子生理发展的重要阶段。他们的身体会发生巨大的变化，如身高猛增、性器官发育等。同时，青春期的孩子也面临着各种生理问题，如长青春痘、月经不调等。家长和老师要关注孩子的生理变化，给予他们正确的指导和帮助，让他们顺利度过青春期。

二、父母要认识孩子心理发展的阶段性特征

（一）婴幼儿期

在婴幼儿期，孩子的心理发展主要表现为情感依恋和认知探索。他们对照顾者有着强烈的情感依赖，通过与照顾者的互动来建立安全感。同时，孩子也开始对周围的世界充满好奇，通过触摸、观察、倾听等方

式来探索世界。这个阶段，家长和照顾者要给予孩子足够的关爱和陪伴，满足他们的情感需求，同时也要为他们提供丰富的刺激，促进他们的认知发展。

（二）童年期

童年期是孩子心理发展的关键时期。他们的自我意识逐渐增强，开始形成自己的价值观和人生观。同时，孩子也开始与同伴交往，学习合作、竞争和分享。在这个阶段，家长和老师要关注孩子的心理需求，尊重他们的个性和兴趣，培养他们的自信心和独立性。同时，也要引导孩子正确处理与同伴的关系，学会关心他人、尊重他人。

（三）青春期

青春期是孩子心理发展的动荡时期。他们的情绪波动较大，容易出现焦虑、抑郁等情绪问题。同时，青春期的孩子也开始对自我形象和人际关系高度关注，对异性产生好感。家长和老师要理解孩子的心理变化，给予他们足够的支持和引导。要与孩子保持良好的沟通，倾听他们的心声，帮助他们解决心理问题。同时，也要引导孩子正确看待自己的身体变化和情感需求，树立正确的人生观和价值观。

三、父母要认识孩子认知发展的阶段性特征

（一）婴幼儿期

在婴幼儿期，孩子的认知发展主要表现为感知运动。他们通过感官和动作来认识世界，逐渐掌握物体的恒常性、因果关系等概念。这个阶段，家长和照顾者要为孩子提供丰富的感官刺激，如色彩鲜艳的玩具、动听的音乐等，以促进他们的感知发展。同时，也要与孩子进行互动游戏，如"躲猫猫"、拍手游戏等，以帮助他们发展运动技能和认知

能力。

（二）儿童期

儿童期是孩子认知发展的重要阶段。他们的思维逐渐从具体形象思维向抽象逻辑思维过渡，开始掌握基本的数学、语言、科学等知识。在这个阶段，家长和老师要注重培养孩子的学习兴趣和学习习惯，为他们提供丰富的学习资源和学习机会。同时，也要引导孩子学会思考、学会解决问题，培养他们的创新能力和实践能力。

（三）青春期

青春期是孩子认知发展的高峰期。他们的思维更加成熟，能够进行抽象逻辑思维和批判性思维。同时，青春期的孩子也开始对社会问题和人生意义进行思考，形成自己的世界观和价值观。家长和老师要鼓励孩子积极探索、勇于创新，培养他们的独立思考能力和社会责任感。同时，也要引导孩子正确看待自己的未来，为他们的职业规划和人生发展提供指导和帮助。

我们只有了解了孩子在各个成长阶段的年龄特征，才能更好地教育孩子。卢梭书中的爱弥儿就有这样的一位导师，深知孩子的年龄特征，所以在爱弥儿成长的过程中，无论什么问题都会给予有效的指导。我们现代的父母也要不断学习，与孩子一起成长，俯下身子去认识孩子、尊重孩子，才会给他们真正的帮助。

我们仔细反思一下，自己的孩子经常告诉你他们的快乐和烦恼吗？其实，孩子跟父母说话的时候，就是想找个人聊聊天，这样才能摆脱烦恼。他们关心的不是父母如何回应，而是父母回应他们的态度。你真的了解你的孩子吗？孩子健康积极的心理离不开与父母的沟通。现在很多家长都会给孩子上各种补习班、兴趣班。大人能理解的，孩子不一定能理解。父母应征求孩子的意见，尊重孩子的想法。因为孩子们也有自己的想法，家长长期对孩子采取强制措施，会使孩子产生逆反心理，甚至导致青春期的叛逆。不倾听孩子的心声，父母有时可能会做出错误的决定。要知道，每个孩子都如一颗星星，都有自己独特的光芒。父母不应把自己的想法强加给孩子，因为孩子不是你生活中的附属品。家长应该学会让孩子选择他们喜欢的，让他们学会自己成长。随着社会的发展，父母无论在工作还是生活中都承受着越来越大的压力。很多父母每天都忙着工作，把孩子交给家里的老人照顾。虽然为孩子创造了良好的物质条件，但孩子也因长期缺乏父母的关爱，内心缺乏安全感，甚至变得冷漠。陪伴是对孩子最好的爱，父母要了解孩子想要什么，孩子内心的感受。不管你工作有多忙，都要抽出时间陪孩子，让他们自信健康地成长。

每个孩子的天性是不同的。这种差异并不意味着谁高谁低，而是指每个孩子自己的优缺点。早在20世纪80年代，美国教育家霍华德·加德纳博士的多元智能理论就提出，我们不能简单地根据智商来判断"孩子聪明吗？"，但要判断"他在哪些方面是聪明的"。

没有笨孩子。如果你认为一个孩子不够聪明，你就是没有发现他的智慧。孩子的智慧需要家长和老师去发现，这种发现需要很大的耐心。

那么，怎么才能认识自己的孩子呢？

首先，可以通过观察认识自己的孩子。观察是认识孩子的重要方法之一。家长和老师可以通过观察孩子的行为、表情、语言等方面，了解他们的兴趣爱好、性格特点、情绪状态等。观察要细致、全面，家人和老师要注意孩子的细微变化，及时发现问题并采取措施。

其次，可以通过沟通认识自己的孩子。沟通是认识孩子的关键方法。家长和老师要与孩子保持良好的沟通，倾听他们的心声，了解他们的想法和需求。沟通要平等、互相尊重，家人和老师要让孩子感受到被理解和被关爱。同时，也要引导孩子正确表达自己的情感和想法，以提高他们的沟通能力和人际交往能力。

最后，可以通过陪伴认识自己的孩子。陪伴是认识孩子的有效方法。家长和老师要多陪伴孩子，参与他们的生活和学习，与他们一起成长。陪伴要用心、用情，家人和老师要让孩子感受到温暖和幸福。同时，也要在陪伴中引导孩子树立正确的人生观和价值观，培养他们的良好品德和行为习惯。

因此，要了解孩子，发现他们的特点，家长不妨先"照镜子"。如果你想知道孩子擅长什么，可以先看看自己的兴趣和特长，也许会有所发现。当你看到孩子的缺点时，不要回避，检查自己是否也有此问题。认识我们的孩子是一项长期而艰巨的任务。孩子的成长是一个动态的过程，我们要不断地观察、沟通和陪伴，才能真正了解他们。只有认识我们的孩子，我们才能给予他们恰当的关爱、引导和教育，帮助他们健康成长。希望每一个孩子都能像卢梭书中的爱弥儿那么幸运、那么幸福，让我们共同努力，为孩子的未来创造更加美好的明天。

父母的引导

主讲人：许哲

　　《爱弥儿》是法国思想家卢梭创作的教育学著作，首次出版于1762年。该书是一本夹叙夹议的教育小说，书中以富家孤儿爱弥儿为主人公，论述了男子的教育改革，批判英国旧教育的荒谬腐朽，并提出新教育的原则和理想，并且借爱弥儿未来妻子苏菲的教育，论证了女子教育的革新。全书反映了自然主义教育思想，阐述性善论。其思想对后世许多教育家都有启发和影响。该书在西方教育史上首次系统提出了新的儿童教育观，从而在教育史上掀起了一场"哥白尼式的革命"。

　　我们都说父母是孩子的第一位也是最重要的老师。对于孩子的教育和引导，家长的作用是学校的数倍。那么，家长应该如何引导孩子健康成长呢？

一、在生活的点滴中教育

成人对儿童的教育和引导是一项长期的工作，也是一项需要持之以恒的工作。我们不仅要在学习上教育孩子，而且要从生活的每一个方面教育孩子。例如，当我们看到有人帮助老人时，我们应该教育我们的孩子尊重老人；在公共汽车上，我们应该教孩子给老人和孕妇让座。总之，就是要从生活中教育孩子，让孩子健康成长。

二、避免大声吼叫

从儿童时期开始，他们就逐渐有了叛逆的心理。家长在教育孩子时最好不要大喊大叫，或者打骂，这样不仅会让孩子难以接受，还会让孩子对你产生反感，将来他（她）对你说的话会很自然地带有抵触情绪，这样只会"事倍功半"。

三、道德观念教育

家长应该在孩子成长的过程中对孩子进行道德教育，教会他们如何尊老爱幼，让他们学会孝顺和礼让。只有这样，孩子们才能健康成长。

四、培养孩子动手能力

当孩子们还小的时候，我们必须教导他们，幸福和美好的生活需要我们自己亲手创造。比如孩子想吃什么，如果条件允许，我们可以手把手教他，让他自己动手做，不仅锻炼了他，还教会了他很多道理。

五、轻言细语地耐心说教

孩子毕竟是孩子。他们可能对很多事情没有清晰的认识，所以难免会犯一些错误。当孩子犯错误时，我们不能一味地打骂他们，最好的方法是耐心地教他们，和他们讲道理，教他们如何正确认识事物。

六、不要在孩子面前吵架

夫妻之间难免有小争吵，但不要在孩子面前表现出来。孩子还小，如果看到父母吵架甚至打架，会对他们的身心产生很大的负面影响。久而久之，孩子不会相信父母，心理也会受到很大影响。

七、以身作则

"身教重于言教"，这是大家公认的道理，孩子不是看你说了什么，而是看你做了什么。我们常说父母要在教育孩子方面树立榜样，应该做我们教给孩子的事。比如，在公交车上，我们通常会教孩子让座，但如果我们自己做不到，孩子会觉得你说得不对，他们也学不到。但如果你这样做了，孩子也会跟着做。久而久之，孩子就会养成一个好习惯。

孩子的教育和引导需要父母的爱心和耐心。做好孩子的教育引导比什么都重要！

作为孩子的第一任老师——父母，其对孩子的引导作用毋庸置疑，作为孩子人生路途的陪伴者——孩子的老师，更应担起引导的作用。我经常对学生说，你们有一万次犯错的机会，但不要担心，老师会包容你们的一切错误，这也是老师存在的价值。

第②章

开发儿童的基本能力

在儿童的成长过程中，开发其基本能力至关重要。这不仅为他们当下的学习与生活奠定基础，更是为他们的未来铺就一条平坦的道路。

儿童的基本能力之一是认知能力。从幼儿时期开始，孩子们就对周围的世界充满好奇。家长和教育者可以引导孩子提问，鼓励他们寻找答案，培养他们解决问题的能力。在学校里，老师可以采用生动有趣的教学方法，如故事讲述、实验演示等，帮助孩子理解抽象的概念，提高他们的记忆力和逻辑思维能力。

语言能力也是儿童发展的关键。从牙牙学语到流利表达，语言是孩子与世界沟通的桥梁。家长要多与孩子交流，给他们讲故事、唱儿歌，丰富他们的词汇量。鼓励孩子表达自己的想法和感受，耐心倾听他们的话语，及时给予回应和鼓励。创造良好的语言环境，让孩子接触不同的语言形式，如诗歌、散文等，提高他们的语言表达能力和文学素养。

儿童的社交能力同样不可或缺。孩子们需要学会与他人相处、合作和分享。家长可以带孩子参加社交活动，如亲子聚会、社区活动等，让他们结识新朋友。在家庭中，培养孩子的家庭责任感，让他们参与家务劳动，学会关心他人。在学校里，鼓励孩子参加团队活动，如体育比赛、文艺表演等，提高他们的团队合作能力和沟通能力。

创造力是儿童的宝贵财富。给孩子提供自由的创作空间，如绘画、手工、音乐等，让他们发挥想象力，表达其独特想法。鼓励孩子尝试新的事物和方法、不怕失败，以培养他们的创新精神。

此外，运动能力也不容忽视。适当的体育活动可以促进孩子的身体发育，增强他们的体质。鼓励孩子参加户外运动，如跑步、跳绳、游泳等，培养他们的运动兴趣和习惯。

开发儿童的基本能力需要家长、教育者和社会的共同努力。我们要关注孩子的个性差异，因材施教，为他们提供适宜的成长环境。让我们用心去培养每一个孩子，帮助他们充分发挥自己的潜力，为他们的未来创造无限可能。

寻找教育的初心

主讲人：李军艳

法国启蒙思想家、哲学家卢梭的《爱弥儿》，可以说是西方第一部以教育为主题的哲学著作。他在书中主张教育要符合人的天性，要在自然状态下接受人类美好的品质。他针对儿童不同年龄阶段的身心发展特点，提出不同的教育内容和方法。婴儿期（0~2岁）进行体育教育，锻炼他们的体格；儿童期（3~12岁）进行感官教育，训练他们的思维；少年期（13~15岁）进行智育和劳动教育，培养其独立思考的能力；青年期（16~20岁）进行道德教育，使他们成为具有博爱精神的人。

今天，我分享的是《爱弥儿》的第二章第一节。这一节主要从顺应天性和自由生活两个方面来谈儿童能力的发展。

卢梭认为对孩子教育的过程就是自然教育的过程。"万物皆有序，人类也有其位置；在生命的秩序中，童年也有自己的位置。把大人和小孩区别看待，安排每个人的位置，并让他归属于那个位置，依照人性来处理欲求，为了人类的幸福，我们只能做这些了。"教育要顺应儿童身心发展的规律，循序渐进地对儿童进行教育。"大自然希望儿童在成年以前就要像儿童的样子。如果我们打乱了这个次序，我们就会造成一些早熟的果实，它们长得既不丰满也不甜美，而且很快就会腐烂。"

他启发我们要把儿童看作儿童，应该善于在日常生活和学习中发现每个孩子独有的天性，针对孩子的不同特点因材施教。

然而，如今教育已经成为攀比与抢跑的代名词。家长们在孩子还未出生就开始教育的"军备竞赛"，为了孩子能够在起跑线上领先，家长们使出浑身解数，极尽所能地教孩子各种知识，为孩子报各种辅导班、兴趣班，甚至以自己的孩子学的知识多为傲。这种不顾孩子兴趣、违背孩子心智发展规律的做法，不仅扼杀了孩子的天性、剥夺了孩子的快乐，甚至可能会扭曲孩子的心理，为孩子未来的人生观、价值观埋下隐患。

为了使孩子能健康快乐地发展，卢梭主张给予孩子充分的自由。父母所要做的就是全面细致地观察，以方便后期的指导教育。当然，这里的自由并不是完全放任，而是"有节制的自由"。人是生而自由的，却无时不在枷锁之中。卢梭认为使孩子成为不幸之人的方法就是对他百依百顺。只有把儿童的欲望控制在他们的能力范围内，让他们凭借自己的能力满足欲望，他们才能获得真正的自由和快乐。因此，在和孩子相处时，我们要学会辨识孩子的欲望，哪些是孩子真正需要的，是自然的；哪些是孩子不需要的，是幻想出来的，或者哪些是过于优越的生活引发的。

那么，我们要怎样做智慧型父母呢？

我认为榜样示范和环境熏陶尤为重要。父母是孩子的第一任老师，家庭是人生成长的摇篮。著名作家柳北岸先生曾说："我买了大量的书，放在地上，任由孩子们看，他们把书翻得乱七八糟，丢得铺天盖地，我一声不吭地替他们收拾。隔一段时间，又买进另一批新书，任由他们翻，我从来不逼他们读，可是，他们见我读得津津有味，而满屋子的书又触手可及，一个个都成了爱书人。"他的几个孩子，分别成为艺术圈和教育界的佼佼者，他们也都是手不释卷的爱书人。柳先生这份苦心孤诣又不露痕迹的爱难道不正是教育的最高境界？

也曾记得自己的童年，儿时的我活泼贪玩。白天里，我可以和小伙伴们在田间地头、池塘溪畔肆意奔跑玩耍。然而，每个夜晚，昏黄的煤油灯光下，我和哥哥总会准时端坐在八仙桌前，爸爸备课，我们读书写字，妈妈则坐在一旁默默地做针线活。现在每每回想起来，心中都溢满温情与感动！

"父母之爱子，则为之计深远。"身为小学教师的父亲明白知识可以改变命运的道理，他是想用自己对知识的追求与坚守来熏陶教育自己的一双儿女。在给孩子充分的自由、释放天性的同时，父亲用自己独有的方式影响着我们一大家人，这也许就是最本真的教育！

自然后果和磨难教育也必不可少。卢梭认为成年人不能为了惩罚孩子而去惩罚孩子，而是要让孩子认识到惩罚是他们不良行为的自然后果。卢梭在爱弥儿犯错时曾说："他打坏他所用的家具，你别忙着给他别的家具，让他感觉到没有家具的不方便。他打破他房间的窗子，你就让他昼夜都受风吹，别怕他受风寒。"只有让孩子承受了后果、经历了磨难，他们才能真正认识到错误并意识到不良行为所产生的困扰，学会承担责任。纵观古今中外历史，我们也不难发现，逆境造就人才，顺境往往使人平庸。在物质生活不断改善的今天，我们是否常常为孩子扫平成长路上的障碍，仅重视智力发展，而忽视对孩子意志力的培养和良好性情的塑造？

　　教师和母亲双重身份，让我的内心很受触动。一方面源于对教育的反思，另一方面也有以爱的名义而剥夺孩子面对挫折、学会担当的缺憾和愧疚！

　　朋友们，在育人的路上，我们要先育己。就让我们一起读卢梭的《爱弥儿》吧！它有诗意的灵秀语言，更有直击灵魂的教育拷问。读这本书不仅启迪你的教育智慧，更是一种美的享受。在教育的旅途中，让我们不负韶华，一路播撒爱的种子，一路植下智慧的心灵！

能力发展的条件：头脑与身体的配合

主讲人：郭俊亮

　　《爱弥儿》是法国杰出思想家卢梭的重要著作，是世界教育史上的重要文献。本书于1762年第一次在荷兰的阿姆斯特丹出版，并且轰动了整个法国，影响巨大。书中，卢梭通过对他所假设的教育对象爱弥儿的教育，来阐述其教育思想。他认为，人生来是自由、平等的；在自然状态下，人人都享受着这一天赋的权利，只是在人类进入文明状态之后，才出现人与人之间的不平等现象，从而使人失掉了自己的本性。为了改变这种不合理状况，他主张对儿童进行适应自然发展过程的"自然教育"。

　　现代人可能有点儿过多强调头脑的使用，从而忽视了身体，人们习惯用大脑去认知，而不是用身体感知。那么，如何培养学生头脑与身体的协调能力呢？下面谈谈我身边的优秀团队和优秀老师的一些做法。

一、把创意变成现实，让孩子发现自己

作为全国文明单位，首届全国文明校园，郑州市第四十七初级中学不单单向孩子传授文化知识，在学生实践能力培养方面也一直走在郑州市前列。学校为了培养学生的实践能力，为其准备了丰富多彩的创客类社团，包括机器人社、3D打印社、船模社、创意电子社及AI创新实验室。多样化的课程和丰富的教学工具，让学生充分参与、实践，经历合作和沟通，树立自信，培养多方面的能力和素养，将自己的梦想照进现实，让广大学生长成少年最美好的样子。

二、点燃智慧之光，照亮创新之路

学校数学组一直是个优秀的团队，学校的数学建模社成立于2018年，面向全校学生，为数学建模爱好者提供相互交流、相互学习的良好环境。为了提高学生的建模能力，建模社的指导老师会定期请家长把家里不用的废旧电器，如洗衣机、电风扇、平板电脑、台灯等，收集起来送到学校，指导学生拆卸和重新组装这些电器，学生在拆卸和组装的过程中就会发现很多问题，进而解决这些问题。如一名学生在拆完电风扇后就提出如何使电风扇在旋转时既不影响出风又能避免儿童的手伸进去造成伤害的问题；一名学生说灯泡容易碎，能不能研究一种新材料，使得灯泡摔到地上也不会碎。当然，这只是数学建模社的一个实践活动，建模社的每名学生、每位指导老师都在不断实践、不断完善、不断创新、不断推倒重来……正是因为重视实践精神，学校数学建模社在第二届"登峰杯"郑州中学生数学建模大赛中再创辉煌，社团学员在指导老

师石飞龙和张利娟的带领下将七项大奖全部收入囊中。

三、创设教学情境，激发孩子学习欲望

人们一直都在寻找教育孩子读书认字的最佳方法，有人发明了单词拼读卡片，有人把孩子的房间变成"印刷厂"。卢梭认为这都不是最佳方法，最佳方法是让孩子产生学习的欲望。孩子只要想学习，无论用什么方法教他，他都能学得很好。爱弥儿有时会接到他的亲朋好友发的请柬，邀请他去吃饭、玩耍或者划船。他需要找一个人念给他听，可是有时候找不到人，他意识到如果自己认字就好了！为此，他自己就去努力认字，这样他就不会错过朋友的邀请。

我们也可以想办法创设教学情境，如我在教授"代数的认识"时，首先让学生写出所有的数，学生回答"写不完"时，我会说："我们不可能写出所有的数，但是我们在学习了用字母表示数以后，我们就可以用字母a表示，它可以代表1、2、3，还可以表示0.5，它可以表示任何数，用一个字母a就可以把数写完了，用字母表示数就是我们今天要学的内容。"在教授"利用三角形相似测高"时，我会提前一天给学生布置一个任务，我会说："我们无法到达旗杆的顶部，那么，如何测量旗杆的高度呢？请大家今天利用身边的一切工具想办法测量旗杆的高度，明天展示自己的方法。"这样一来，第二天，无论学生是否能够想出办法都能极大地激发学生的学习欲望。

四、亲子运动让大脑与身体协调发展

我们都知道运动特别有益于孩子大脑与身体的协调发展，那么，如何引导孩子热爱运动呢？我们都知道父母如果不去运动，却强迫孩子每

天跳绳500个，孩子可能很难坚持下去。换一种问法，同样是跳绳，父母躺在沙发上鼓励孩子和拿着跳绳陪孩子一起跳，哪一种孩子会觉得更开心呢？所以，父母热爱运动，孩子才能热爱运动。下面我就谈一些具体的做法。

1. 天气晴朗时，带着孩子走出家门、亲近大自然、呼吸新鲜的空气，能让我们的大脑更加精神。如果没有时间去远的地方，那就去附近的公园，无论散步还是骑自行车都可以，全家一起参与，还可以和孩子一起尝试一条更长的路线。

2. 父母可以和孩子来一场家庭比赛。如我经常会和孩子赛跑，跑的过程中我会故意跑得慢一些，然后慢慢追上孩子，提醒他我快追上他了，这样他就会加速，反超以后，我会慢慢减速，这样他会再一次加速追上我，如此反复，孩子乐此不疲。当然这只对年龄较小的孩子有效，年龄大一些的孩子可以选择羽毛球、乒乓球等运动。

3. 鼓励孩子敢于尝试，找出最适合自己的运动方式。没有尝试之前，孩子也不知道是否喜欢这项运动，我们要鼓励孩子去尝试更多类型的运动，几乎所有体育活动都会有"试用"选项。当然，做家务也是一种锻炼方式，只要敢于尝试，接受挑战，就是成长的又一步阶梯。

4. 亲子互相挑战、互相鼓励。像是完成2千米的跑步，完成500个跳绳，甚至玩棋盘游戏也可以用来互相挑战和鼓励，约几个朋友带上孩子一起效果会更好。关键是行动起来，孩子的积极性才能极大地被调动起来。

亲爱的读者朋友们，爱弥儿虽然是卢梭假设的一个教育对象，但是爱弥儿是幸福的，因为他有一个懂他的"教育者"，孩子的发展就在教育者的一念之间。教育者们不妨来读读这本书，读过这本书，你会对教育有新的体会与感悟。从这本书中寻找教育的真谛——哪些教育才是最恰当的,哪种教育才能使孩子得到更好的发展。我想每个人读完这本书都会有自己的想法和见地,上面一些感悟只是我自己的一些想法,希望能与你产生共鸣。

开发儿童能力的几点法则

主讲人：宋艳华

卢梭是18世纪法国启蒙思想家、哲学家、教育家、文学家。他在《爱弥儿》一书中阐述了自己对教育的看法。卢梭在本书中具体地将教育按照儿童的成长规律分为婴儿期、儿童期、少年期和青年期。为了能更生动地说明儿童每个时期的成长规律和该时期的教育重点，卢梭虚拟出一个男孩的形象——爱弥儿，并强调男孩最好的教育者就是他的父母，尤其是父亲，而女儿最好的教育者是母亲。他认为男孩和女孩的教育应该是不同的，要分别培养，但都应遵循孩子自然成长的规律。

本期我与大家分享的是教育著作《爱弥儿》第二章的第三节——开发儿童能力的几点法则。这一节共含五个小标题，分别是：严格与放任、自我与服从、不当的说服、有限度的自由、父母的权威。

卢梭认为，在教育孩子的过程中，要避免过于严格或过于放任。放任孩子不管，会让他们的生命和健康遇上危险，遭受苦难；过分关心孩子，一点儿苦不让他们受，则会让他们过于软弱和多愁善感，将来可能遭受更大的苦难。为了不让他们遭受自然给予的一些痛苦，最后却给他们制造了更大的灾难。

我们很多人会认同"严师出高徒"这句话。认为严格地教育孩子，能使孩子学习得更好。其实，我们这里所说的严格也是适当地严格。我所教的六（二）班就有这样几个孩子，他们很聪慧，但是，遇到某些事情的时候，情绪上来后会很倔强，如果在这时，我一味地严格要求他们必须做到些什么的话，那结果往往适得其反。对待这几个孩子，我就必须把握好严格的度，既让他们明白我要求的最低标准是什么，又让他们乐意去学习去做事，他们才能向我希望的方向发展。

在对女儿的教育中，我曾一度认为她只是把自己的学业学好就行了，其他的事情很少让她去做，如一些扫地、择菜等家务劳动几乎没有让她干过。自从她有了自己的房间，我想，她把房间弄成什么样都可以，毕竟孩子还小。可就是这样的想法，在她上三年级的时候被彻底改变。每到周末，我对家里进行大扫除的时候，每次进到她的房间，我都会火冒三丈。从下往上看，鞋、袜子、书包、手提袋、书、小饰品、玩具、笔等，可谓"琳琅满目"，让我不知从何下手整理。一通发火后，我还是会把她的房间整理成我想要的样子。在这个过程中，她会委屈地哭、会调皮地傻笑、会难为情、会撒娇、会茫然不知怎么来做，也会站着呆呆地看我收拾。慢慢地，她就意识到原来整整齐齐的环境会让人心情舒适，书桌上干干净净会让自己在写作业的时候更加专注。不知从何时开始，所有有关她的事情她都自己来做。我发现，先前的放任不管，使得孩子的生活习惯随心所欲，而提出明确要求后，让其亲自去实践，才会使其收获成长，才会在完成每一件事情时，得到能力的锻炼和意志的磨炼。

教育是一个慢过程，在教育孩子的过程中，我们不难发现，要体会极大的幸福，就得忍受小小的痛苦。身体过于舒服，精神就会被摧残。只有体会过痛苦的人，才能更好地珍惜幸福。

在这一节当中，卢梭总结出几条教育的原则：不要口头教训孩子，要让他们从经验中吸取教训；不要惩罚他们，他们还不知道自己错在哪里；也不要让他们请求你的饶恕，他们还不知道哪里冒犯了你。他们的行为没有任何的善恶观念，他们不可能做出看上去道德败坏、需要你惩罚和责难的事情。

这不由得让我想到了曾看到的一个案例。在一次同学聚会中，一位企业老板对自己曾经的班主任说："老师，您不记得我了？"老师说："不记得了。"这位老板接着说："我就是那个拿别人东西的学生呀！"班主任摇了摇头。老板又说："老师，有一次，我们班有名学生的手表丢了，你让我们都蒙上眼睛，并让拿别人手表的学生自觉把表还回去，老师，您想起来了没？"班主任此时恍然大悟，说："我也不知道是谁拿的呀，因为我让同学们蒙上眼睛的同时，我也是蒙着眼睛的。"接下来，这名学生深深地拥抱住了这位智慧的班主任，内心的感激全化为这个长情的拥抱。这不由得让我反思自己的教育教学，自己在处理班级事务的时候，也要像这位班主任一样，恰当地运用教育的智慧和方法，陪伴孩子们健康快乐地成长。

在教学中，我们总是无意识地分秒必争，但其实更要遵循孩子们学习认知的规律。在孩子们成长的过程中，如果不制止他们的各种错误和恶习，这些错误和恶习就会生长发芽，等以后想改的时候，它们已经根深蒂固，就很难再被拔掉了。那么话说回来，在帮助孩子们改掉错误时，则需要教师拥有无穷的智慧和一颗宽容的心。常常一开始的巧妙做法，日后就有可能成就一个教育的奇迹，深深地扎根在一个人的生命中，就如同上面的这个案例。

在孩子的成长过程中，开发他们的各种能力至关重要。我们在上述原则的基础上，在实际教育生涯中，如何开发孩子的能力呢？

一、激发与保护孩子的好奇心

好奇心是孩子探索世界的原动力。要为孩子创造丰富多样的环境，让他们接触不同的事物、颜色、声音和纹理。可以带孩子去博物馆、动物园、公园等地方，满足他们对新鲜事物的渴望。在家里，为其提供各种玩具和书籍，鼓励他们提问，认真对待他们的每一个问题，并引导他们自己去寻找答案。如著名科学家牛顿，他小时候对苹果为什么会从树上掉下来充满好奇，这种好奇心促使他不断探索，最终发现了万有引力定律。对于孩子来说，也许他们的问题没有这么高深，但每一个小问题都可能是打开知识大门的钥匙。当孩子问"为什么天空是蓝色的"时，大人不要直接给出答案，而是和他们一起通过查阅书籍、上网搜索等方式去探索，以培养他们独立思考和解决问题的能力。

二、鼓励孩子动手实践

孩子在动手操作的过程中，能够锻炼手眼协调能力、创造力和解决问题的能力，有了实践，孩子才会提出真实的问题，才会有创新的想法，才可能推动新事物的诞生，也可以这么说，没有实践，就没有创新。要给孩子们提供各种手工材料，如彩纸、剪刀、胶水、颜料等，让孩子自由发挥，制作手工艺品。还可以和孩子一起进行简单的科学实验，如种植植物、观察昆虫、制作小电路等。爱迪生小时候就非常喜欢动手实践，他在火车上卖报时，还不忘做实验，正是这种不断尝试的精神，让他成为伟大的发明家。在这个过程中，孩子不仅学到了知识，还培养了对科学的兴趣。同时，让孩子参与家务劳动也是很好的动手实践方式，如帮忙摆放餐具、整理玩具、浇花等，以培养他们的责任感和生活自理能力。

三、培养孩子的阅读习惯

阅读是打开知识大门的钥匙。要从孩子很小的时候就开始为他们读书，选择适合他们年龄的绘本、故事书。随着孩子年龄的增长，逐渐增加阅读的难度和种类。营造一个安静、舒适的阅读环境，让孩子能够专注地阅读。可以设立家庭读书角，定期带孩子去图书馆，参加读书活动。《哈利·波特》的作者J. K. 罗琳，从小就热爱阅读，广泛的阅读积累为她日后的创作奠定了坚实的基础。通过阅读，孩子可以提高语言表达能力、想象力和思维能力。

四、注重孩子社交能力的培养

社交能力对孩子的成长至关重要。要鼓励孩子与同龄人交往，参加集体活动，如幼儿园的游戏、社区的亲子活动等。教导孩子学会分享、合作、尊重他人，培养他们的沟通能力和人际交往技巧。某企业家在创业过程中，强大的社交能力让他能够凝聚各方人才，共同打造出庞大的商业帝国。在家里，家长也可以通过角色扮演等游戏，让孩子模拟不同的社交场景，家长提高他们应对各种情况的能力。

五、给予孩子及时的肯定和鼓励

孩子在成长过程中需要不断的被肯定和被鼓励。当他们取得进步时，及时给予表扬和奖励，让他们感受到自己的努力得到了认可。即使孩子犯了错误，家长也不要批评指责，而是要耐心地引导他们认识错误，鼓励他们勇敢地面对挑战。

总之，在教育的路上，无论是教师还是父母的角色，我们需要做的不是单纯地说教，是要在生活中磨炼他们的身体和意志，尽自己最大的能力让他们感受学习的美、生活的美和成长的美。眼里有光，心中有爱，目光所及皆是美。因此，开发儿童能力需要家长和老师的共同努力，遵循这些法则，为孩子创造良好的成长环境，才能让他们在快乐中成长，充分发挥自己的潜力。

自然触动孩子的感官

主讲人：李娟

孩子来到这个世界，身体的每个器官都会与自然环境进行互动，他们用眼睛看、用鼻子闻、用手摸等，时时刻刻都感受着这个陌生的环境。

人的大脑是精神活动和生理活动的"司令部"，受它的指挥，人的各种感觉器官形成了一个完整的、协调的系统，对各种信息进行分析、组织、综合处理和统一协调，从而完成各种复杂的心理与行为活动。如果孩子的感官没有被触动或受不良因素的影响，没有形成一定的能力，那么种种心理、行为问题和障碍就会出现，也就形成了学习能力障碍。

那么，怎样才能让孩子的感官得到正常的发展，为以后智力的发展打下基础、积攒有利的条件呢？

一、外界因素

（一）正确观念的输入

孩子虽然在体力和智力上不如大人，但他们的所见所闻和大人看到的、听到的一样清晰，至少说是很接近。如果输入大脑的信息得不到正确地加工处理或引导，那么孩子的"三观"形成就会偏离正确的轨道，他们将来的心理、为人处世的方法、幸福感都会因此而受到影响。

父母是孩子从出生到小学毕业接触最多的人，也是对孩子影响最大的人，所以我们常说父母是孩子的第一任老师。孩子的大脑在有输入，而没有完整的、成熟的、正确的加工系统时，父母就要帮助孩子"加工"，在帮助的过程中引导孩子建立他们自己的加工系统，就像爱弥儿在看到一个火冒三丈、大发雷霆的人在那里嘶吼时，卢梭给他灌输疾病的概念以及带来的影响——"这个可怜的人生病了，正在发烧"。生病是一种自然现象，是每个人一生都不可避免的一个束缚。人的情绪变化是复杂的，把复杂的心理和行为与简单的自然现象联系起来，孩子既容易接受，也为孩子输入了正确的观念，孩子以后遇到情绪失控或行为失控的人时会很自然地面对，也会主动而乐意地施以援手，因为几乎所有人遇到生病的人都会去关注和关心的。另外，孩子有了这样的观点后，家长对他的管理也就容易多了，孩子的逆反心理会降低甚至会消除。

我们再来环顾我们的周围，像卢梭教育爱弥儿一样教育孩子的家长少之又少。我们以同样的情景来看一下，一个孩子遇到一个火冒三丈、大发雷霆的人，如果这个人是陌生人时，大部分父母要么会置之不理，要么会对孩子说："这是个神经病，快走。""丢人不丢人，在这儿大喊大叫的，我们可不能这样啊！"……如果这个人是认识的人，父母会说："你看，你小哥哥又惹叔叔生气了吧，你可不要学你小哥哥惹妈妈生气啊，否则妈妈也会这样，还会揍你！"……我们再回想一下，父母和孩子说话时，是不是把自己的很多主观臆断传给了孩子，或是以不同的方式来恐吓、道德束缚孩子呢？大人已经受到了人与人的关系和人类行为的是非观念影响，输出的判断肯定不是自然的、纯净的，再把这样的观念输入给简单纯洁的孩子，是不是打破了一种平衡呢？

有的孩子上学后调皮捣蛋，频繁出现心理问题，也有的孩子很乖，这是不是与父母对孩子输入的观念有一定的联系呢？

所以，为了孩子的身心健康，父母应该了解这个年龄孩子的心理特点，给其输入符合孩子心理的观念，而且这种观念应该是自然而简单的。

（二）避开不良因素

当初步为孩子输入自然而正确的观念之后，要进行维护，直至这种观念稳固。如爱弥儿在看到邻居吵架时就上去劝阻："亲爱的邻居，我真为你难过，你生病了。"说完之后，他就迅速被带离了，因为我们可以想象，邻居愣了一会儿后会发生的画面。爱弥儿的观念刚刚形成，如果邻居的任何一个反应刺激了爱弥儿，让他对这种观念产生了质疑，那就前功尽弃了。

父母平时在谈论工作和社会中的一些不良问题时要避开孩子，更不要主动地告诉孩子社会中的复杂现象。比如在一次期末考试前，我动员学生们要冲刺了，学生们都信心满满，突然，一名学生说："学了也没用，还不如早早地让家长找个人托托关系哩。"一句话，我的考前动员大打折扣，另外，这对其他学生的心理还会产生不同程度的影响。其实这个学生是"受伤"最重的，他能说出这样的话，说明这种思想已经在他身上形成了。

写到这里，我又想起了"孟母三迁"的故事，可见，环境、周围人们的言行都会对孩子产生很大的影响。我们在给孩子输入一种正确的观念后，也要像呵护小树苗一样呵护他长大，培养他，让他拥有抵抗风雨的能力。

二、内在因素

（一）进行全面的感官锻炼

感官是人们身体上先成熟的器官，应该最早得到锻炼，却常常被遗忘和忽略。

现在，从国家到个人，都已经比较重视体育锻炼了。孩子们早早就参加各种体能训练，这些活动对孩子们是非常好的，但往往不包括所有感官的锻炼。"我们不仅仅要锻炼体力，还要锻炼所有运用体力的身体器官，要用一个感官得到的印象去验证另一个感官得到的印象。要学会测量、计算、称重和比较。"这段话是卢梭在本章中所说的，我觉得这段话非常清晰地指导了什么是感官锻炼以及如何锻炼感官。

我们现在的学校，已经在国家的政策指导下开展了不同形式的实践课。比如，中小学开设的社团课、综合实践课、劳动教育课程以及学生户外拓展活动和实地研学等，这些都突出了让学生去体验、去实践，我觉得这就是对孩子感官的锻炼。

但是有这样几个问题值得进一步思考：①课程的开设或活动的进行是否被扎实而系列地开展了，或只是应付上级任务，或只是讨彩头的一种噱头。我们知道任何事都不是一蹴而就的，只有扎实地开展，才有可能达到一定的效果；只有系列地开展，才能起到锻炼孩子感官的作用。

②在课程中或在社团中所设计的活动是否真正有助于锻炼孩子的感官，而不是简单地使用感官；每一次的活动会对锻炼孩子的什么感官有作用，设计者一定要做到心中有数。③刚才所说的课程也好，活动也好，是孩子接受学校教育之后才开始的，然而，孩子接受学校教育之前的这一段时间同样也是至关重要的，这段时间应该怎么办呢？当然，需要父母倾其心血了。孩子6个月左右，父母开始给孩子添加辅食时，就可以给孩子准备一套餐具了。在一岁后，在孩子可以坐得很稳的情况下，父母就可以让孩子自己拿勺子吃了。我们能够想象出孩子在餐桌上狼狈的样子，但是孩子自己动手，才能慢慢地去判断握勺子的位置和挖的力度等。

在我看来，感官的锻炼就是让孩子多接触自然多动手、多实践，让孩子的测量、估算、计算、比较能力有所提高，在教学的这么多年里，我深深地感知孩子这几方面的能力很是欠缺。

（二）促进感官的均衡发展

不同的时间段，我在这里主要指的是白天和黑夜，感官的使用是不同的。

说到黑夜，绝大部分的人（包括孩子和大人）都有害怕的心理，甚至是恐惧。我的两个儿子和我本人都恐惧黑夜，晚上在家，没灯的地方是不去的，通常，晚上家里各个房间里的灯都亮着。我的大儿子已经10岁了，至今不敢一个人睡觉。在读《爱弥儿》之前，我以为就是自己胆子小，小时候听奶奶讲某故事的缘故，但是两个儿子可没有听过这样的故事，怎么也这么害怕黑暗呢？读完《爱弥儿》之后，我又重新思考这个问题，我觉得与我们几乎没有在黑夜里待过，在黑夜里对周围的事物没有明确的感知有关，也就是与我们的触觉在黑夜里没有得到充足的锻炼有关，而这些问题一直没有解决，就形成了害怕黑夜的习惯，就变得胆小，从而也影响了家人对此的认知。

对于害怕黑夜的解决办法，卢梭在《爱弥儿》中也给出了一定的指导，就是在黑夜里锻炼。刚开始，我们可以找一个胆大的人一起，以克服我们迈出第一步的艰难。可以循序渐进地开展训练，但一定要保持愉快的心情。方法很简单，难的是实践，那么是否实践，得看我们要改变的决心。

孩子感官的发展能够为孩子今后的成长种下饱满的种子，也能够避免目前很多学生出现的心理和行为问题。

以上是我看完本章节后的一些感想。《爱弥儿》这本书让我对大脑中所存有的现象有了一定的思考和理论指导。

意识的形成

主讲人：刘大帅

儿童意识的形成是一个复杂而又渐进的过程，它受到多种因素的影响。从婴儿期的懵懂无知到逐渐拥有自我意识、认知能力和社会意识，儿童在不断的探索和学习中成长。深入研究儿童意识的形成，有助于我们更好地理解儿童的行为和心理，为他们提供更适宜的成长环境和教育方式。

在本节中，卢梭主要通过自我意识的形成、谎言与惩罚、慷慨意识的形成这三个方面对孩子意识的产生给予一定解释和说明，并且也给出了自己的一些建议和想法。文中，卢梭首先发表了自己对于意识形成过程中的一些看法：人首先要对自己负责。我们原始的情感都是以自我为中心的，所有的本能活动都是为了生存和得到幸福。因此，我们产生的第一个正义感，来源于别人对待我们的方式，而不是我们对待别人的方式。传统的教育方法有一个错误，那就是只对孩子讲其责任，从来不提其权利，这样就会本末倒置——孩子应该知道的，一个都没告诉他们，不该知道以及毫无关系的，反而全都说了。

一、了解儿童认知发展与意识形成的过程

（一）感知运动阶段

在婴儿期，儿童主要通过感知和运动来认识世界。他们通过触摸、看、听、尝等感官活动来获取信息，并逐渐学会对周围环境做出反应。这个阶段的儿童开始形成对物体的恒常性认识，即当物体不在眼前时，他们也能意识到物体的存在。

（二）前运算阶段

随着年龄的增长，儿童进入前运算阶段。他们开始学会使用语言和符号来表示事物，但思维仍具有很大的局限性。这个阶段的儿童自我中心主义较为明显，难以从他人的角度看待问题。然而，他们的想象力和创造力也在这个阶段得到极大的发展。

（三）具体运算阶段

在具体运算阶段，儿童的思维逐渐变得更加具有逻辑和具体。他们能够理解数量、空间和时间等概念，并能够进行简单的逻辑推理。这个阶段的儿童开始学会从他人的角度看待问题，具备了一定的社会意识。

（四）形式运算阶段

到了青少年时期，儿童进入形式运算阶段。他们的思维更加抽象和具有逻辑，能够进行假设性思考和推理。这个阶段的儿童具备了成熟的自我意识和社会意识，能够对自己的行为和价值观进行反思。

卢梭对爱弥儿的自我意识教育始于田间耕作形成的财产和道德概念，并且让孩子在成长中体会到做错事的后果，从而使其建立起诺言的

意识，以及对美好事物和品德的认知意识。

二、对自我意识的培养与教育的归纳总结

（一）言传身教

教育影响个体的成长过程，而成长，需要的可能只是一块合适的土壤、足够的用心。随着时间的流逝，家长与教师的一言一行都有意无意地影响着孩子。作为孩子重要的教育者，我们要把"生活"与"做人"结合起来，在各个方面给孩子做榜样，做出表率。"言传身教"是中国几千年来的传统教育的永恒命题，叶圣陶先生曾说："身教最为贵，知行不可分。"这是培养孩子良好习惯的重要方法。因此，我深信教育是热情的感染、是行动的传递，身教远胜于言传。

在培养道德观念的过程中，不要怪我们走得太慢，教给孩子的任何事情都应言传身教。

（二）不溺爱，敢放手

面对孩子成长过程中犯的各种错误，我们不能为了惩罚而惩罚，应该让孩子明白这些惩罚是他们做错事的自然结果，让他们经历做错事后的这种痛苦。孩子应该承担的责任我们不能大包大揽，生怕孩子受一点委屈、吃一点苦，因为关注孩子单方面的进步而忽略孩子其他方面的成长。

不要让孩子在思想上形成"以我为中心"的意识，不让孩子产生优越感。家长应从日常小事抓起。

1.当孩子提出不合理要求时，不能轻易满足

孩子撒娇要家长买玩具时，家长不能爽快答应，反而可以跟其提条件，如一个月内孩子能自己收拾玩具就答应买给他。让孩子学会为自

己想要的事情付出努力。现在的孩子最不缺的就是需求的满足，不管是吃的还是穿的，根本就不需要自己提出要求，父母和周围的亲人就会提前买过来，所以现在的孩子基本没有什么需求。有一年春节过后，我给学生们讲，自己小时候去姥姥家走亲戚，就是盼望舅舅给几个硬币，那时家里根本没有钱，但是很多学生不理解。所以说，十几岁的孩子无欲无求，这是相当可怕的。有不少家长经常会问，怎么让孩子有动力去学习，我就告诉他，不要轻易满足孩子的需求。

2. 避免隔代溺爱

家长应该首先和长辈沟通好，遇到孩子做错事时，老人可以借故离开，让家长单独来解决相关问题。刚开始，孩子可能会继续哭闹、扔东西，当发现无人理他（她）时，孩子就会有些恐慌，哭闹就会减弱，最后可能会主动找家长承认错误。家庭教育专家冯颖在她的《二孩时代》一书中提到，由爷爷奶奶、外公外婆带大的孩子，不利于小家庭的建构，尤其是孩子的规则意识很难形成，易造成孩子无所适从，或者成为"戏精"，"看人下菜碟"，还特别容易给家长造成孩子情商高的错觉。

3. 培养孩子的自理能力

孩子到两三岁时就往往会有强烈的"我自己干"的要求，家长可以利用这个机会从培养孩子日常生活的初步自理能力开始，培养孩子的独立性。从自己穿衣服到自己吃饭，从洗脸到刷牙，这些基本的生活能力都需要从小培养。家长要鼓励孩子多去尝试一些活动，比如外出交往，让孩子制订旅游攻略、设计路线等，多让孩子自己尝试做。

（三）崇尚美德，而非模仿美德

卢梭说："模仿别人的美德，都像猴子学人一样没有意义。"任何一种美德之所以能产生积极的道德效果，是因为你认识到了它的美好，而不是因为看到别人做，自己才做。对孩子来说，要让他们养成我们希望的习惯和行为，好让他们最后能够依照自己的判断和善念去实践这些行为。

认识自我、悦纳自我作为积极的人格特征，是与个体早期的生活经历密切相关的。人的自我意识一旦形成，将起到对人的内部世界与外部世界的协调作用。是否正确地认识自己、悦纳自己，直接影响人的心理健康。在培养孩子良好自我意识的过程中，家长和教师拥有积极关注与无条件接纳的态度至关重要，家长和教师要引导孩子充分地表现自我，引导孩子适宜地自我评价，最终让孩子成为更好的自己。

儿童意识的形成是一个复杂而又渐进的过程，它受到儿童认知发展、社会环境影响以及教育等多种因素的共同影响。了解儿童意识的形成过程，有助于我们更好地理解儿童的行为和心理，为他们提供更适宜的成长环境和教育方式。在儿童的成长过程中，家庭、学校和社会都应该承担起相应的责任，共同为儿童的意识发展创造良好的条件。只有这样，我们才能培养出具有健康意识、积极向上的新一代。

儿童能力的培养

主讲人：吴慧慧

　　儿童是国家的未来和希望，他们的成长和发展关系到整个社会的进步。培养儿童多种能力对他们的未来至关重要。这些能力不仅包括认知能力，如语言、数学和科学知识，还包括社交能力、情感能力、创造力和运动能力等。全面培养儿童的多种能力，可以帮助他们更好地适应社会、发挥自己的潜力，并实现个人的价值。

　　《爱弥儿》是法国著名启蒙思想家、哲学家、教育家、文学家卢梭所著的一部关于教育的名著，主要记叙了一名虚构的贵族子弟——爱弥儿的人生经历，把他从出生到成年各个时期的生理、心理特征，成长过程，教育经历等从客观的角度记录下来，尤其对儿童各种能力的培养提出了具体的要求。

　　那么对于教育者来说，培养儿童的哪些能力比较重要呢？

一、儿童多种能力培养的重要性

（一）认知能力培养

语言能力：语言是人类交流的重要工具，儿童时期是语言发展的关键时期。阅读、讲故事、对话等方式，可以促进儿童的语言表达和理解能力。

数学能力：这一能力对于儿童的逻辑思维和问题解决能力的发展至关重要、可以通过游戏、数学活动等方式，培养儿童的数学兴趣和能力。

科学知识：培养儿童对科学的兴趣和探索精神，可以帮助他们了解自然世界、提高科学素养。

（二）社交能力培养

合作与分享：教导儿童学会与他人合作、分享资源，可以培养他们的团队合作精神和社交技能。

沟通与表达：鼓励儿童积极表达自己的想法和感受，提高他们的沟通能力和人际交往能力。

尊重与理解：培养儿童尊重他人的观点和感受，理解不同文化和背景的人，可以促进他们的社交和谐。

（三）情感能力培养

情绪管理：帮助儿童认识和管理自己的情绪，提高他们的情绪调节能力和心理健康水平。

同理心：培养儿童的同理心，让他们能够理解他人的感受和需要，有助于建立良好的人际关系。

自信心：鼓励儿童勇敢尝试新事物，肯定他们的努力和成就，培养他们的自信心和自尊心。

（四）创造力培养

想象力：激发儿童的想象力，鼓励他们创造自己的故事、绘画和手工制品等，可以培养他们的创造力和创新思维。

问题解决能力：提出问题、引导儿童思考解决方案，可以培养他们的问题解决能力和批判性思维。

艺术培养：提供艺术教育，如音乐、绘画、舞蹈等，可以培养儿童的审美能力和创造力。

（五）运动能力培养

身体协调性：体育活动和游戏，可以培养儿童的身体协调性和运动技能，有助于他们的身体健康和发育。

健康生活习惯：教导儿童养成良好的运动习惯和健康的生活方式，对他们的一生都有着重要的意义。

对于上述儿童的各种能力，又该如何去培养呢？下面给大家说一下具体的做法，也是爱弥儿给我的启示。

二、儿童多种能力培养的方法

（一）营造良好的家庭环境

父母的榜样作用：父母是儿童的第一任老师，他们的言行举止对儿童有着深远的影响。父母应该以身作则，培养良好的品德和行为习惯。

家庭氛围：营造一个温馨、和谐、充满爱的家庭氛围，有助于儿童的情感发展和心理健康。

亲子互动：与儿童进行亲子互动，如阅读、游戏、旅行等，可以促进亲子关系，同时也有助于儿童的能力培养。

（二）落实良好的学校教育

多元化的课程设置：学校应该提供多元化的课程，包括语言、数学、科学、艺术、体育等，以满足儿童不同方面的发展需求。

个性化教育：关注每个儿童的个性和特点，采用个性化的教育方法，帮助他们充分发挥自己的潜力。

课外活动：组织丰富多彩的课外活动，如社团、俱乐部、志愿者活动等，以拓宽儿童的视野，培养他们的社交能力和领导能力。

（三）创设美好的社会环境

社区资源：利用社区的图书馆、博物馆、公园等资源，为儿童提供更多的学习和活动机会。

社会实践：鼓励儿童参与社会实践活动，如环保行动、慈善活动等，培养他们的社会责任感和公民意识。

媒体影响：引导儿童正确使用媒体，选择有益的电视节目等，避免不良媒体对儿童的负面影响。

而在现实中我们又是如何做的呢？

记得，儿子马上要上小学一年级那年，为了让他能更快更好地适应小学生活，我开始教他拼音、算数……一开始，他比较好奇，学习兴趣也比较高，每天都特别期待新的内容。不知道从什么时候开始，他开始由"主动"找我学习变成"被动"学习，需要我催促他。最初的温柔变成了严厉的吼叫，母子关系也变得格外紧张，我责怪他的不积极，他害怕我的吼叫……我发现不对劲儿时，第一时间静下来，蹲下来和他聊天。他说他不想学习，因为一学习就会挨批评……

本末倒置，教会他认识了几个字，但是浇灭了他的学习兴趣。当我意识到自己的问题时，我才能更好地和孩子沟通交流。倾听孩子内心的声音，和孩子有良好的互动，尊重他，理解他，让他信任你，他才愿意向你吐露心声，以此建立平等、和谐、信任的亲子关系。然后，你会发现，你的孩子远比你想象中的更可爱，也更有潜力。

保护好孩子的学习兴趣，而不是看重他认识了几个字，会了几个拼音，会算了几个数……这些知识点，随着时间的推移，他都会掌握，但是学习兴趣以及学习动力才是他终身学习的地基。

儿童正处于该玩的年龄，那还不如通过游戏来激发他们的兴趣和培养他们的认知和体力，等到适合的阶段我们再教给他们知识，也许这才能获得最好的教学效果，也会给他们一个美好的童年回忆。

对待孩子的成长，我们要遵循自然法则，熟悉孩子的成长轨迹，切忌拔苗助长，更不能让"别人家的孩子"的优秀打乱了我们陪伴自己孩子成长的脚步。

除此之外，我对书上其他一些观点也感触颇深。如怎样对待孩子的哭？不能让他最后养成用哭来命令你做事的习惯。孩子容易变得任性。文中提到，如果他天生就爱无缘无故地啼哭，"我"就让他白白地哭一阵，得不到一点儿效果，这样，就可以很快地使他擦干眼泪。只要他在哭，"我"就不到他那里去；他不哭了，"我"马上就跑到他的身边。不久以后，他呼唤"我"的时候就将采取停止啼哭的办法，或者要哭也至多只哭一声。因为孩子们是根据信号来判断其意义的。如果孩子一哭你就满足他，孩子就会成为家中任性的"小皇帝""小公主"；孩子一哭你就训斥他，孩子就会成为卑怯、胆小的"小奴隶"。孩子有这样的行为，其实往往是成人的态度与行动造成的。虽然孩子的大脑还没有发育完全，但在这些生活细节里，他们俨然是个"小大人"了。一旦你让他们发觉了哭泣能让他们"为所欲为"，家里就要哭声不断了。

父母的内心要很平静，不要害怕孩子哭闹，也不要因为孩子哭闹而发火。坚信自己的原则，放轻松些，可以静静地搂着孩子，也可以在孩子的额头吻一下，但是切记，话不要多，少讲道理。孩子还小，成长的道路还很长，只要在路上，就不要怕路途遥远，一切都要慢慢来，不可操之过急。一切的成长犹如春雨，"润物细无声"，在潜移默化中，孩子就获得了成长。"凡是你打算给他的东西，他一要就给，不要等到他向你乞求，更不要等到他提出什么条件时才给。"你要给孩子东西，就高高兴兴地给，拒绝的时候，就要表示不喜欢的样子。不过，一旦拒绝，你就不能改变，不管他如何再三纠缠，你也不能动摇。一个"不"字出口，就要像一堵墙。做温和而坚定的教育者，不被情绪左右，不被名利束缚，听从内心，遵循自然。

儿童多种能力的培养是一个长期而复杂的过程，需要家庭、学校和社会的共同努力。《爱弥儿》这本书很厚，饱含了卢梭的教育思想，值得我们坐下来好好品读一番。有效的教育和培养，可以帮助儿童在认知、社交、情感、创造力和运动能力等方面得到全面发展，为他们的未来奠定坚实的基础。同时，我们也应该关注每个儿童的个性和特点，采用个性化的教育方法，让每个儿童都能发挥自己的潜能，成为有责任感、有创造力、有爱心的人。在读书的过程中，我们也可以结合生活实际，深入走进孩子的内心世界，和孩子一起成长，在读书和陪伴中放松自己，找寻生活的意义。

第**3**章

智力开发与技能培养

在当今竞争激烈的社会中，智力开发与技能培养犹如两把关键的钥匙，为人们开启通往成功的大门。

智力开发是个人成长的基石。它不仅仅局限于传统意义上的学术知识学习，更是一种思维能力的拓展。通过阅读各类书籍，我们接触到不同的观点和思想，激发自己的创造力和批判性思维。解决复杂的数学问题、分析文学作品中的人物性格、探讨科学实验的结果，这些活动都在不断锻炼我们的逻辑思维、分析能力和综合判断能力。智力开发还包括培养好奇心，对世界保持一颗探索的心，不断追问"为什么"，从而推动我们去寻找答案，拓宽知识的边界。

而技能培养则是将智力转化为实际行动的桥梁。无论是专业技能还是生活技能，都能让我们在不同的领域中脱颖而出。掌握一门编程语言，可以在数字化时代中开拓广阔的职业发展空间；学会烹饪，能为自己和家人带来美味与健康；具备良好的沟通技巧，有助于建立和谐的人际关系和高效的团队合作。技能的培养需要人们不断实践和反复练习。在这个过程中，我们会遇到各种挑战和困难，但正是这些挑战促使我们不断进步，提高自己的能力水平。

智力开发与技能培养相辅相成。丰富的智力资源为技能的学习提供了坚实的基础，而技能的实践又能进一步深化智力的发展。例如，在学习绘画的过程中，不仅需要发挥创造力和审美能力等智力因素，还需要掌握绘画的技巧和手法等技能。同时，绘画的实践又可以激发更多的创意和灵感，进一步提升智力水平。

　　为了实现智力开发与技能培养的目标，我们需要积极主动地投入时间和精力。学校教育是重要的途径之一，但我们不能仅仅依赖于学校。参加各种培训课程、在线学习、阅读专业书籍、参与实践项目等都是有效的方式。此外，我们还应该保持开放的心态，勇于尝试新事物，不断挑战自己的极限。

　　智力开发与技能培养是我们人生旅途中不可或缺的两个方面。只有将两者紧密结合起来，我们才能在不断变化的世界中立足，实现自己的人生价值，开启成功的大门。在此，让我们一起走近卢梭，看看他是如何对爱弥儿进行智力开发的吧！

用兴趣点燃孩子学习的热情

主讲人：王伟明

　　众所周知，《爱弥儿》是卢梭著名的教育著作，是世界教育史上的重要文献。它是卢梭经过20年构思，苦心撰写3年才完成的，发表于1762年，是一本小说体形式的著作。全书共5卷，他将教育按照儿童的成长规律分为婴儿期、儿童期、少年期、青年期四个时期。他认为，对于孩子的培养要遵循孩子自然成长的规律，他的自然教育观适应了儿童的成长规律，易于家长开展家庭教育，同时给家长们提供教育方法，他的教育理论即使放在当今社会，也是不过时的精华，便于父母们学习和掌握。今天，我便就第三章《智力开发与技能培养》这一章节中的"用兴趣点燃孩子学习的热情"这一小节谈谈我读完的感受和看法。

　　现如今，一些父母痴迷于"鸡娃教育"，认为自己给孩子选择的道路一定是正确的、安全的，甚至是成功的，往往忽视孩子内心真实的想法。前一段时间播出的电视剧《小舍得》中，子悠的妈妈把所有的重心都放在了孩子身上，所有的目的都是为了孩子能上个重点中学。其初衷没有错，只是她的方式太过极端，重压之下的子悠出现幻觉，直到这时，他的妈妈才知道自己的方法给孩子造成了多大的伤害。当她把选择权重新交回子悠手里，把自由和兴趣还给孩子后，子悠同样选择了通过自己的实力去考取重点中学。虽然结局皆大欢喜，但是我们不得不承认，走了那么多弯路的子悠妈妈，如果能早点读一读卢梭的这本书，或许就不会给孩子造成那么大的伤害。卢梭告诉我们，你想让孩子做什么，只需要引起他的兴趣，有了兴趣作为导向，父母只需要在旁边让他专心并持之以恒地去做，让他认为自己一定有能力做好，并且很清楚地认识到做的这件事对自己有什么好处，他才能满心欢喜地去做，这样父母就不用去逼迫孩子，因为孩子有其智慧，会明白和理解。家长不要低估孩子认识事物的能力，要善于激发孩子的兴趣，善于引起孩子的思考，懂得孩子真正喜欢的是什么，并加以正确的引导，这便是父母传道授业的艺术和智慧。

我的学生经常会问我："老师，学习究竟是为了什么？学习好能怎样，不好又能怎样？我的爸爸妈妈只要我学习，任何事情都不让我做，任何活动都不让我参加，经常挂在嘴边的就是，只要好好学习就行了，其他的事情都是在耽误时间。"是啊，没有目标的学习，只为了成绩的学习，即使考了第一，也只是那一时的荣耀和欢欣，过后又能怎么样呢？北京大学心理健康教育与咨询中心副主任徐凯文，在一次演讲中指出，价值观缺陷导致部分大学生有心理障碍，并称之为"空心病"。什么是空心病呢？即觉得人生毫无意义，对生活感到十分迷茫，不知道自己想要什么，疲惫、孤独、情绪差，感觉学习和生活没有什么意义。看不到人生希望，终日重复，没有结果，生活迷茫，存在感缺失，身心均被掏空。当其找不到存在的价值和意义，那种空虚感是一个人颓废和堕落的开始。卢梭在本文中就告诉我们，每一个人都不只是独立存在的个体，再优秀的个体都不可能脱离社会而独立存在，他必须有社会属性，必须形成社会关系，掌握一项属于自己的技能，可以与他人分享和互换的技能，一项当孩子走上社会以后，抛开学习和分数之外，也能独立生活的技能，无论他站在人生巅峰还是失意落魄，都可以用这一项技能养活自己、让自己感受到自己存在的价值和意义，这应该是每一位家长最希望看到的吧。一位作家跟儿子的一段谈话就说道："当你的工作在你心目中有意义，你就有成就感；当你的工作给你时间，不剥夺你的生活，你就有尊严。成就感和尊严，给你快乐。我要求你读书用功，不是因为我要你跟别人比成就，而是因为，我希望你将来拥有更多选择的权利，选择有意义、有时间的工作，而不是被迫谋生。"

智力发展的前提是体力，只有拥有一个健康的体魄，才能充分发挥个人的聪明才智，如果身体都是不健康的，又拿什么来迎接一场又一场看似残酷的竞争呢？就像自然界里的物竞天择、适者生存一样，只有强壮并充满智慧的人才能成为最后的胜利者。

对于孩子来说，万事万物对他们都充满了诱惑力，他们缺乏辨别的能力，好的、坏的都吸收，由于对事物不能充分地了解和认知，他们经常一股脑地全盘接受，其中必定良莠不齐。作为父母和教育者有必要精心地给他们选择正确的学习内容，在选取的过程中，一定不是强制性地让孩子接受，而是通过引起孩子的好奇心、激发他们的兴趣，让他们自愿、自发地去学习你想让他们学习的内容，这样才能起到事半功倍的效果。在学习的过程中，父母要注意适时地规避风险和正确引导，孩子一定会按照你希望的那样苗壮成长。

不要把孩子关在家里，让他成为你的困兽，孩子是属于自然的，属于花草鱼虫、空气海洋的，只有让他们接触大自然，他们的眼中才会有五彩斑斓的世界，他们才会打开想象的翅膀，回到书本里寻求更多他们不了解的知识，感受生命，感受愉悦，才会热爱这个世界，热爱生活，热爱生命，尊重生命。

如何激发孩子学习的欲望和兴趣呢？这一定是家长们最关心的话题。让孩子养成凡事都留心的习惯，让孩子学会从一件看似普通的事物身上，寻找出与这件事物有关的问题，然后由孩子自己去发现和寻找答案，在这个自然而然的过程中，激发出来的好奇心和兴趣，一定会让他迫不及待地去学习，去认知孩子不了解的东西。

不要害怕孩子犯错，给他们试错的机会，让他们在错误中总结经验，给予正确的不强制的引导和干涉，并适时地指出错误，避免孩子陷于错误。我们只需要将正确的概念灌输到孩子的头脑中就行。作为父母和教育者都不要自以为是地认为自己给予孩子的一定是最正确的方法和真理，当我们把这些告诉他们时，也容易将很多荒唐和错误的东西引入他们的头脑。让他们自己体会寻找正确方法的乐趣，而我们需要做的只是安静地"等待花开"，不要只教给他们很多知识，而是培养他们对学习的兴趣，因为"授之以鱼不如授之以渔"。

当孩子主动问我们问题的时候，尽量不要直接告诉他们答案，而是用能引起他们好奇心的方式回答，让他们自己去寻找答案。在寻找答案的过程中，我们只需替他们甄别对错，排除干扰项，让孩子在寻找答案的路上充满兴趣和探求欲，充分发挥自主性，将自己的思想融入其中，创造出属于自己的工具，总结出适合自己的学习方法。

卢梭作为一名出色的思想家、教育家，用简单的语言告诉我们如何用兴趣激发孩子的学习潜能，如何让孩子从被动学习变成主动学习。我也想在这里呼吁更多的家长和教育者，要认识到孩子的发展规律和生理特点，不要强制性地要求孩子，而是用兴趣来点燃孩子学习的热情，从而让我们的孩子更加健康地学习并热爱学习。

用提问的方法引导孩子学习

主讲人：于邵华

《爱弥儿》是法国思想家卢梭的代表作。卢梭是一个自学成才的思想家，卢梭用自身成长的经历告诉人们，真正的教育应当是什么样的。爱弥儿是他假想的学生，一个他要真心教育、成就的学生。

在孩子的成长与学习过程中，提问犹如一把神奇的钥匙，能够开启他们求知的大门。用提问的方法引导孩子学习，是一种充满智慧和温暖的教育方式。

本节中，卢梭通过阐述让我们知道孩子真正的需求是什么，怎样的提问才能使学生有行动起来的欲求。

那么，提问有什么作用呢？

提问能激发孩子的好奇心。当我们问孩子："为什么天空是蓝色的呢？""小鸟为什么会飞？"这些问题能够点燃他们内心对世界的好奇之火。孩子们开始主动思考，尝试去寻找答案。他们可能会观察天空、查阅书籍、询问他人，在这个过程中，他们不仅学到了知识，还培养了探索精神。

提问可以促使孩子独立思考。例如，在孩子阅读一本故事书后，我们可以问："你觉得主人公为什么会做出这样的选择？""如果你是主人公，你会怎么做？"这样的问题让孩子从被动接受故事转变为主动分析和思考。他们会结合自己的经验和价值观，给出独特的见解。通过不断回答问题，孩子的思维能力得到锻炼，逐渐学会独立思考，而不是仅仅依赖他人的观点。

提问还能增强孩子的自信心。当孩子成功地回答出一个问题时，他们会感受到成就感，这种成就感会激励他们继续学习和探索。同时，提问也让孩子明白，学习是一个不断发现问题、解决问题的过程，即使回答错误也没关系，重要的是敢于尝试和思考。

我们不仅要善于向孩子提问，培养孩子的提问能力也至关重要。首先，要营造一个鼓励提问的环境。当孩子提出问题时，无论问题多么简单或奇怪，我们都要给予积极的回应和鼓励，让孩子感受到提问是被欢迎和认可的。其次，引导孩子多观察周围的事物。观察是提问的基础，通过仔细观察生活中的现象、自然中的变化等，孩子会发现许多值得思考的问题。再次，和孩子一起阅读书籍、观看纪录片等，在这个过程中，可以启发孩子提出各种问题，比如对书中的情节、纪录片中的科学现象进行追问。最后，教给孩子一些提问的方法，如从不同的角度提问、对比提问、假设提问等，让孩子学会更有针对性地提出问题。

"我让你做的每一件事情都是为了你好，但你不懂得这一点，我的话你听还是不听？"这段话我平时也不知道说过多少遍，就像卢梭所说的，你以为他听懂了这样一番话就会变得聪明吗？显然，大部分学生不会因此而改变。

那该怎么办呢？我想，孩子的需求其实就是切合实际的学习，学习他应掌握的知识，比如，一年级学生，他们能做到的常规有：上课坐端正，认真听老师讲话，一直跟着队伍不掉队。这样就已经不错了，倘若在这个过程中，老师用讲故事的方式让学生明白其中的道理，相信会更迅速地训练好学生这些基本常规。但是如果常常用一些泛泛的语言："坐好！老师的话很重要，你必须记住！快跟上！"那么，学生一定不会理解和清楚，怎样才叫坐好，怎样才叫听老师的话，用什么方法跟上队伍，这样，我们所说的，对于孩子而言，就会变成说教。孩子从老师这里得不到更有价值的学习技能，自然也就无法理解老师要他们做这些有什么用。

接下来，卢梭又提到一个词"有用的"，而当"这有何用"的问题出现时，这就是他和爱弥儿之间生活的一切。是呀，人们会做很多"有道理"的事情，每一件事情在做的人看来都是有用的，相信大部分人都会说出其中的缘由，只有知道了缘由，才能判断事情的本质，才能衡量该做还是不该做。那么，学习有用吗？我们成年人会异口同声地说"有用"，但孩子未必这么认为。卢梭认为，只有让孩子对学习这件事产生兴趣，学习对孩子来说才是有用的。在学习过程中，老师一般会采用提问的形式，激发学生的思维，活跃课堂气氛，让学生对所学知识产生兴趣和欲求，从而激发学生行动起来去学习。

这样就要求老师在课堂教学中精心设计一系列类型丰富、质量优质的有效教学问题来贯穿教学过程。那么，什么才是有效的提问呢？

1. 注意提问的内容

首先是学生感兴趣的，其次是问具有适当难度的问题，最后是问具有创造性的问题。在此过程中，切忌提问的两大误区：一是无疑而问，为问而问，二是提大而太广、太深的问题，以免学生无从思考。

2. 注意提问的对象

首先，要面向全体学生，内容要有梯度和层次，提问的对象要有所选择，避免让少数优秀学生或愿意表现的学生独占课堂回答问题的时间。也可根据问题的难易程度选择不同层次的学生来回答，如对"尖子生"可以合理提高问题的难度、深度和广度；对于中等生的提问可以逐步升级、层层推进；对"学困生"则要适当降低问题的难度。这样，每名学生都有参与机会，都能体验成功的快乐，课堂变成学生主动进取、施展才华、相互促进的舞台，从而使课堂提问发挥其应有的最大效用。

其次，小学生由于年龄较小，注意力缺乏持久性，课堂上容易出现注意力不集中的现象。所以，教师要适时地提问，把问题设计到学习内容的关键处或学生学习的疑难处。

最后，还可以从创新思维的角度提问。学生在学会知识的同时，若能用所学知识分析问题、解决问题，这就是创新。

3. 注意提问的时机

提问要讲究策略，注意对学生的启发，调动学生的学习积极性，进而使学生积极开动大脑进行思维。教师要切忌总是单刀直入或是自问自答，可以采用启发性提问，这样能引导学生正确的思维方法和方向，使学生找到问题的本质或找到新旧知识的联系，从而理解、解决问题。同时，还要注意留一些时间给学生思考，鼓励与督促相结合。

4. 注意提问的态度

要在教学中创造一种和谐愉快的授课氛围，老师要亲切、和蔼，让学生感到平易近人，进而拉近师生间的距离。授课时，注意运用身体语言，如眼神、手势、微笑，亲切自然地鼓励学生进行尝试。尽力改变学生回答问题时的拘谨状态，排除其畏惧心理，让学生认识到积极举手是锻炼自己的大好机会，使他们在课堂上发言时自然、踊跃，形成良好的课堂氛围。

总之，想要让学生对学习产生兴趣，就要激发他们对知识的欲求，只有有所求，才能促使学生行动起来，进而达到预期的效果。等他们学到了知识，明白了其中的道理，自然就开阔了眼界，回头想时才能明白"有用的"一词的真正含义，而在此之前，"有用的"对他们来说也仅仅是一个词语罢了。用提问的方法引导孩子学习的过程中，我们见证着孩子的成长，他们的好奇心、独立思考能力和自信心不断增强。在此，让我们用"提问"这把神奇的钥匙，开启孩子学习的无限可能，陪伴他们走向更加美好的未来。

以上就是我阅读"用提问的方法引导孩子学习"这一节中的一些感悟。不得不说，《爱弥儿》是一部哲理小说，其中蕴含的是在任何时代都具有先进意义的教学理论，使其成为教育界影响深远的一部小说，里面的某些主张仍是我们教育工作者潜心钻研、孜孜以求的目标。

让孩子掌握一门手艺

主讲人：孔臻祎

　　《爱弥儿》是一本夹叙夹议的教育小说，书中以富家孩子爱弥儿为主人公，论述了男子的教育改革，批判英国旧教育的荒谬腐朽，并提出新教育的原则和理想。本书首次出版于1762年，书中的教育观点与我们当下的社会环境大多虽已不同步，但其自然主义教育思想、性善论的教育理念仍然是现代教育理论的根基，其思想对后世许多教育家都有启发和影响。

　　本期我与大家分享的是《爱弥儿》第三章的第三节——让孩子掌握一门手艺。这一节中共有三个小标题，分别是：价值观的培养、技能的培养、爱弥儿的技能。孩子在成长的道路上，除了知识的学习，掌握一门手艺，犹如为自己的人生增添一抹绚丽的色彩。

　　手艺是孩子自信的源泉。当孩子能够熟练地弹奏一首钢琴曲、绘制一幅美丽的画作，或者亲手制作出一件精美的手工艺品时，他们眼中闪烁的光芒是无法掩盖的。这种成就感会让孩子更加相信自己的能力，敢于挑战新的事物。无论是在学校的才艺展示中，还是在与小伙伴的交流中，拥有一门手艺的孩子总是能够脱颖而出，展现出独特的魅力。

手艺也是孩子情感表达的渠道。比如，孩子通过写作可以抒发内心的感受和想法，用文字记录生活中的点滴美好；通过舞蹈，他们可以用身体语言传达情感，释放压力。在学习手艺的过程中，孩子学会了如何将自己的情感融入其中，使作品更具生命力。这不仅丰富了他们的内心世界，也有助于他们更好地理解自己和他人的情感。

本章节中，作者从塑造爱弥儿的职业价值观、培养爱弥儿学会一门技能、通过技能选择塑造孩子情感三个角度谈自己的教育理念，看似在谈职业，实则是在谈价值取向，渗透情感态度价值观教育。文中的职业选择标准，在当时的时代是非常先进的，他摒弃了时代的功利价值，依照自然选择，遵从孩子内心的兴趣爱好，引导爱弥儿选择适合自己的职业，让他学会一门实用主义的技艺，这在当时阶级分明的时代无疑是教育界"哥白尼式的革命"，今天我重点谈谈卢梭在职业选择中渗透的教育理念。

在价值观的培养章节中，作者写道："当孩子还不懂人情世故时，我们就无法把他当作成年人来看待。因此，为了教育他，成年人的举动就需要像孩子一样。"

那么，我们也可以问问自己，你可曾俯下身跟孩子说话？你可曾把自己当成孩子来了解他的需求？你可曾尊重过他的选择？

我们总是说，一个孩子，能有什么选择的能力？你能知道什么是好坏？你怎么能为将来负责呢？

我们总是以"过来人"的姿态向后辈灌输经验，告诉他哪里有坎坷、哪条是捷径，舍不得他们在成长的过程中浪费一点点力气、遭受一点点挫折，以爱的名义拒绝了成长中的磨砺，教会他们享受温室中的阳光。

作者说，当他开始能听懂道理时，绝对不能让他将自己和别的孩子比较，就算是赛跑时，也不能让他有对手或者竞争者的意识。所以，我宁愿爱弥儿什么东西也不学，也不想让他因为嫉妒或者虚荣心去学习很多东西。

我觉得让孩子在成长中没有竞争对手的观点不一定正确，但避免孩子因为嫉妒和虚荣心去学习是正确的，尤其是不能总是拿他和别人对比。我们期待在对比中让孩子找到差距，但孩子往往在"别人家孩子"的压力下丧失自信，甚至怀疑父母的爱。

我们来看看作者是怎么做的：

我将他每年的进步都记下来，这样可以和他下一年取得的进步进行比较。我会对他这样说："现在你长高了很多，看一下你去年跳过的沟和搬动的重物。再瞧这边，你去年把一块石头扔了这么远，你一口气跑了那么远……今年，来看看你已经有了这么大的进步。"我用这样的方式鼓励他，所以他不会对任何人有嫉妒心理。

作者写道："你必须自己动手劳作，时时刻刻给他树立榜样。当爱弥儿学习他的职业时，我也想和他一起去学，因为我坚信，只有我们两个一起学，他才能学好。我和爱弥儿一起去当学徒，每周到师傅家里去学习一到两天，他起床的时候我们也起床，我们在他眼皮子底下工作，在他家吃饭，按照他的吩咐去做工。在他家吃过晚饭后，我们回到自己家里睡硬板床。"

一个生活在上层社会的人，带着自己的孩子去当学徒，除了拥有言传身教的教育理念，还让我们看到了"可怜天下父母心"，更重要的是他眼中职业平等的价值取向。他说，做正经事时，我们的心应该是淳朴的，不能因为和虚荣心斗争，让虚荣心重又回到自己的心中，因为打败了偏见就骄傲，这相当于屈服于偏见。

身为父母的我们呢？可曾站在和孩子平等的高度？可曾在兴趣班的选择时尊重过他的想法？可曾以自己的价值取向影响过孩子的职业选择呢？这些都是值得深思的。或许，我们的观点功利多了点，尊重少了点。

"我不会阻止他去做艰苦的职业，甚至是危险的工作，我都不会加以阻止。"

应该说，目前我们国家的职业环境还不是很理想。不同工种因职业性质和职业报酬存在一定差异，各个行业在人们的观念中被划分成三六九等，有挣钱多且受人尊敬的，有挣钱少但有面子的，有挣钱多但羞于见人的，有又苦又累且挣钱少的……

试问哪个爱子心切的父母愿意自己的孩子做那苦累又不挣钱的工作呢？一些"鸡娃"妈妈们不也是为了孩子能有更多的职业选择吗？职业选择的观念不太容易被改变，但我们可以引导孩子尊重每个职业。为了尊重所有人从事的职业，我们并不需要全部学会，我们不要有轻蔑的态度就可以了。我们让孩子现在努力掌握技能，是为了将来他有更多选择，他的职业可以很辛苦，但希望那是他的兴趣所在。

卢梭认为教育的目的在于使人成为自然人，即他所谓的"依照自然的顺序""信任自然""遵从良心者即是遵从自然"。这里所说的自然是绝对自由、平等而善良的环境，只有在这种状态下生活，人的生命才能提升到最高境界。遵从自然，核心在于让孩子心灵自由，关键是亲子平等、师生平等，并尊重孩子，在点滴中见分晓。

掌握一门手艺，更能培养孩子的专注力和毅力。学习手艺并非一蹴而就，需要孩子投入大量的时间和精力。无论是学习乐器、绘画还是书法，都需要孩子反复练习，不断克服困难。在这个过程中，孩子逐渐学会专注于一件事情，不被外界干扰。同时，他们也明白了，只有坚持不懈，才能取得进步和成功。

那么，如何让孩子对学习手艺感兴趣呢？其一，可以带孩子多参观艺术展览、音乐会、手工艺品集市等，让他们亲身感受各种手艺的魅力，激发他们的好奇心和向往之情。当孩子看到那些精美的绘画作品、听到动人的音乐演奏或者触摸到独特的手工艺品时，内心很可能会涌起一股想要尝试的冲动。其二，给孩子讲述一些著名艺术家、工匠的故事，比如画家达·芬奇的传奇人生、鲁班的巧妙技艺等，这些故事不仅能让孩子了解到手艺的价值和意义，还能激励他们以这些人为榜样，努力追求自己的梦想。其三，为孩子创造实践的机会。可以在家里设置一个小小的手工角，提供各种材料，让孩子自由发挥创意，或者在周末安排一些亲子手工活动，一起制作美食、搭建模型等，让孩子在实践中体验学习手艺的乐趣。

让孩子掌握一门手艺，是给予他们一份珍贵的礼物。这份礼物将伴随他们一生，为他们的成长之路增添无数的精彩和可能。

第④章

性教育与情感教育

在人生的旅途中，性教育与情感教育不仅关乎个体的身心健康，更对整个社会的和谐发展起着至关重要的作用。

性教育往往被视为一个敏感而又不可或缺的话题。在成长的过程中，了解自己的身体、性别差异以及性健康知识，是每个人的权利。正确的性教育可以帮助我们树立健康的性观念，学会保护自己，避免受到性侵害。它让我们明白性行为的责任与后果，懂得尊重他人的身体和边界。从青春期的生理变化到成年后的亲密关系，性教育为我们提供了科学的知识和正确的价值观，让我们能够以成熟、理性的态度面对性。

而情感教育则是培养我们内心世界的重要一环。它教会我们如何认识自己的情感，理解他人的感受，建立良好的人际关系。情感教育让我们学会关爱、包容、尊重和信任，培养我们的同理心和责任感。在情感的世界里，我们学会表达自己的爱与关怀，也学会处理冲突和挫折。它帮助我们树立正确的爱情观和婚姻观，让我们明白爱情不仅仅是激情和浪漫，更是责任、承诺和相互扶持。

性教育与情感教育相辅相成，缺一不可。没有良好的情感教育，性可能会被滥用，导致人际关系的破裂和心理的创伤；而没有正确的性教育，情感也可能会陷入迷茫和困惑，甚至带来不良的后果。只有将两者结合起来，我们才能培养出健康、成熟、有责任感的个体。

著名教育家卢梭在《爱弥儿》一书中更是用一个单元的内容来表达自己的观点，对我们当今的教育仍然具有指导意义。随着信息技术的飞速发展，青少年接触到的信息越来越多，其中不乏不良的性和情感内容，性教育与情感教育的重要性日益凸显。因此，家庭、学校和社会都应该承担起性教育与情感教育的责任。家长可以通过与孩子坦诚地交流，解答他们的疑惑，引导他们树立正确的观念；学校可以开设相关课程，提供专业的知识和指导；社会也可以通过各种渠道，宣传健康的性和情感观念，营造良好的氛围。

让我们重视性教育与情感教育，为孩子们的成长保驾护航，让他们在健康、和谐的环境中茁壮成长，成为有爱心、有责任感、有担当的社会栋梁。

保护童真

主讲人：尹航

六月已接近尾声，打开窗户，浓密的树叶吐露翠绿，在燥热的夏风中，树上的知了唱着激情的夏之歌。对《爱弥儿》的研读也接近尾声，平时忙于工作，也只有周末坐在电脑前静静地写点感受。

对《爱弥儿》的研读，似乎每次都会有不同程度的收获，对于一个从事教育的人，对于一个想让孩子快乐健康成长的家长来说，《爱弥儿》都是一本能引起头脑风暴的书，哪怕没能融会贯通，但都会有不小的进步。《爱弥儿》开篇的第一句就让人觉得这是蕴含着深邃哲理和沸腾感情的文化结晶。"出自造物主之手的东西，都是好的，而到了人的手里，就全变坏了。"作者毫不掩饰地表达了自己主张人性本善，主张教育目的在于培养自然人，顺应儿童的本性，让他们的身心自由发展。

我与大家分享的是《爱弥儿》第四章的第一节——保护童真，这一节分为"洁身自爱""童真""想象与欲求"三个部分。这三个部分又是一脉相承的。

正如文中所说："洁身自爱一向都是对的，也符合自然界的规律。"因为我们每一个人都有保护自己的神圣使命，所以我们的首要任务是而且必须是始终关爱自己。如果一个人失去了对自己的兴趣，那怎么能够要求他去关爱生命呢？所以，为了生存下去，我们需要洁身自爱，我们要爱自己胜过所有其他的东西。与此同时，这也会让我们爱护帮助我们维持生存的人。孩童最初的情感就是爱自身，从最初的情感延伸出来的第二个情感，就是爱身边的人。这是因为，当他还处于襁褓之中，他对人的认识主要是基于身边的人给予的关心和爱护。在最初，他对自己的母亲或保姆所产生的那种依恋之情，只是出于习惯。当他需要她们的时候，就会寻找她们，当他找到她们，就能够得到安慰。这是最基本的人类共识而非亲情。过了很长时间，他才了解到，她们不仅爱护着他，还乐于帮助他。只有当他明白了这一点，他才会爱上她们。

作为长期教小学高年段的语文老师兼班主任，我注意到，到了六年级，一些孩子会出现抑郁、自残等心理问题，这无疑是因为孩子对自身生命没有敬畏感，没有关爱自己，没有做到洁身自爱。如何解决这样的问题，也是困扰我们六年级老师的一个问题。经过前期的调研，结合部分班级出现的问题，我在年级内开展了"珍爱生命，笑迎挫折"的学生心理健康教育团体辅导活动。我让学生将在活动前护了一上午的鸡蛋拿到现场，现场的鸡蛋可以说是各种各样。在现场，孩子们又经历了"鸡蛋变凤凰"的热身游戏，一次护蛋任务和一个热身游戏让孩子们深深体验和感受到生命的脆弱，激发了孩子们呵护生命的情感。接着，孩子们沉浸在创设的音乐冥想的环节中，对自己不同生命阶段的状态进行想象。在心理体验游戏"生命的抉择"中孩子们感触更深："要珍爱自己的生命""要在有限的时间里做更多的事情"……学生们一句句发自肺腑的话语让我觉得生命教育是多么有必要，孩子们需要我们这个引路人指引他们走出迷茫和误区。

之前听过一个案例，一个11岁的男孩问自己的妈妈，人早晚要死，人为什么要活着？对于这样的问题，我们不要以成年人的视角去回避它，或者责怪孩子怎么会想这样的问题。我们首先要让孩子分享自己的看法。11岁的孩子已经有了一定的生活阅历，其实问出这样的问题特别好，说明他已经关注生命的意义了。智慧的父母应克服本能，不要想着用一个答案说服孩子，不应回避，不要进行说教。当我们的孩子提出这样的问题时，我们可以做出以下三步：①赞美——哇，没想到你的问题已经追寻生命的意义了。太棒了！②我有我的答案，但是我很好奇你的想法，我想听听你的想法。③你和同学之间谈论过这样的问题吗？他们是怎么说的？紧接着结合他们关注的节目等，进一步激发其对生命意义的探寻和感悟，并告诉孩子，生命的意义就是活出自己、创造价值，让别人因为有我而感到幸福和快乐。

说到童真，卢梭认为要把儿童看作儿童，尊重儿童的天性，相信儿童具有内在的发展潜能。儿童有其特有的看法、想法和感情，如果想用我们的看法、想法和感情去代替，那是很愚蠢的事情。儿童尽管弱小，但他们具有一种内在的发展潜能。总之，我们要尊重儿童的天性，让其天性充分、自由地发展，才会使儿童将来获得快乐和幸福。

"要保持孩子的童真，有一个好的办法，那就是：所有他周围的人都要尊重和爱护他们的天真。"我非常欣赏这段话。不这样做，我们对他们所采取的一切用来抑制他们的措施很容易产生与预期相反的结果。微微地笑一下、眨一下眼睛或不经意地做一下手势，都会使他们明白我们在竭力掩饰什么事情；他们只要看见我们向其掩饰哪件事情，他们就想知道哪件事情。一些有学识的人同孩子们谈起话来咬文嚼字，反而会使孩子们以为其中有些事情是不应该让他们知道的。因此，对孩子们讲话绝不要那样。当我们真正尊重孩子的童真时，我们同其谈话就容易找到一些适合他们的语句。一些率真的话是适合向天真的孩子们说的，而且在他们听起来也是感到很高兴的。正是这种真实的语言可以用来转移一个孩子的好奇心。同他们说话的时候诚恳而坦率，就不会使他们疑心还有一些事情没有被告知。把粗话同它们所表达的令人厌恶的观念联系起来，就可以浇灭想象力最初的火花。我们不要去阻止孩子说那样的话和获得那样的认知，但是我们要使他们在不知不觉中一想起那些话和那些观念就感到厌恶。如果人们自始至终都讲该讲的话，并且用他们喜欢的方式去说，这种直白而天真的说话方式会减少很多不必要的麻烦。

"妈妈，我从哪里来？"大家小时候都会问自己的父母这个问题，作为母亲，我自己也被问过。针对这个问题，我在班里也做过调查，大家的答案可谓五花八门。有些回答作为过了幼儿时期的我们听来可能会相视一笑，可是对于充满好奇心的孩子而言，也许一句玩笑话，就扼杀了孩子的想象力，"这是成年人的秘密""小孩子不可以好奇心这么重"，这样的回答或许可以帮助母亲轻松解决难题，但是她可能不知道，这样的回答会刺激她的孩子不停地探索成年人的秘密，并且用不了多长时间，他就能搞清楚这个秘密是怎么回事。比如，针对生孩子这个问题，我对儿子的回答是用绘本故事《你是我的小天使》解决的，儿子通过绘本故事指导，他认为他是爸爸妈妈一起在天上挑选的最棒的孩子。这也是利用了书的作用，有时孩子的阅读会潜移默化地影响孩子的认知。

　　而谈到想象与欲求，卢梭这样说："你的孩子需要读书，因为他们能从书中获取别的地方学不到的知识。如果他们肯耐心钻研，他们丰富的想象力便能在安静的书房中被点燃，而且会越烧越旺。"作为教师，我们要给学生创造阅读的氛围，让孩子畅游在书海中。平时在教学中，教师要充分利用班级书香绿意角等，让孩子在借阅中学会管理和约束，在阅读摘抄中分享自己的阅读感受，在好书交流会上大家畅所欲言，在亲子阅读中增进亲子感情，在阅读班级群里分享每天的成长与进步。

　　总之，《爱弥儿》无论对家长还是教师，都是具有启发意义的。在今后的教育工作中，我仍要汲取营养，以此来指导教学，真正为儿童的健康发展提供一个良好的教育环境，让儿童能够自由发展。我会为之不懈努力。

儿童情感的培养

主讲人：王伟明

随着社会信息化的高速发展，我们会从各种渠道看到一些有关孩子的不良报道，我们不禁会问，我们的孩子怎么了？是什么让他们变得如此残忍，没有爱心、没有同情心、不知道感恩？是啊，我们的孩子到底怎么了？当我读到《爱弥儿》第四章关于"儿童情感的培养"时，才发现，很多问题不是出在孩子身上，而是出在教育者身上。

大家都知道，孩子的第一任老师是父母。《三字经》的第一句，"人之初，性本善"也是被人烂熟嘴边的话。谁都会宠溺地看着幼儿，像欣赏一幅纯美的画，可是有谁记得"性相近，习相远"这句话？又有几人能明白《三字经》中这一句才是作者想要表达的核心意义呢？每一个孩子生下来都是天使，为什么会有一些天使最终长成了他人眼中的恶魔，无非是从其出生那一刻开始，环境和教育者的共同作用，造就了其黑色的人生。一个从小在爱的纯真的环境中成长的孩子，一定会养成温厚和重情义的性格，因其赤诚之心，会让其永远怀揣热爱之心、平等之心、感恩之心和同情之心。家长要从点滴做起，培养孩子的爱心，比如：不要过分宠溺，避免孩子以自我为中心。如果有能力，尽量让孩子在父母身边长大，让孩子在一个稳定的环境中长大，不要经常给孩子更换环境，给予孩子足够的关注、帮助。做好示范，以身作则，树立良好的家风。那么，什么是家风？在一个家庭里，父母尊老爱幼、热情善良、关心和照顾家人，对同事、朋友非常友好，具有良好的品德，这样，孩子也会受到积极的影响，成为一个有爱心的人。让孩子学会表达并分享爱，才能滋润孩子的心灵，让爱永驻其心灵。

同情心是人心深处一种细腻的感觉，具有同情心的人对别人的遭遇和需要有所反应，能觉察和理解对方的感觉，用心来安慰、关心和扶持对方。就如我前面所提到的，一个跟父母有着亲密情感经历的孩子，更容易理解别人的感受；一个心中充满爱的孩子，更能学会换位思考，因为他们在一个充满爱的环境里，身心得到了极大的满足。一个人只有精神上足够富足，才会将自己拥有的去和他人分享。父母的爱和理解在孩子的心田里种下了爱和信任感，让他们感到安全和满足，自然而然，孩子就会将自己的爱与他人分享。他们将积聚在心中的力量用在那些能使其更加开阔、关心别人忘掉自我的事物上，那么同情心的建立，就是这么自然而然的事情。

很多人终其一生都在追问"幸福是什么？"因为他们从来没有感到过幸福。幸福的原因总是相似的，不幸福的原因却各有各的不同。幸福到底是什么？我们到底幸福吗？其实，大多数感到不幸福的人，究其原因，是因为欲求太多，想要得到的太多，对他人、对自己都感到不满，一辈子都在孜孜以求，都在与自己较劲，丝毫没有什么快乐而言。看完

《爱弥儿》关于幸福的解读之后，我问我的爱人："你感到幸福吗？"她爽快地回答我："幸福啊！"我问她为什么，她说："知足者常乐，我对自己的现状很满意，不去争夺和奢求过分的欲望，适度地享乐，对未来永远保持乐观的态度，工作中能够被认同，生活上，家庭和睦，自觉已是人生赢家。"我突然觉得，爱人已是半个哲学家，竟然说出了我看完《爱弥儿》后的感想。幸福是什么？我想每个人的解读都不相同，如果用更多的词去形容的话，就是：简单、快乐、知足、诚恳。让自己的生活简单一些，让自己的欲望减少一些，对待周围的人和物真诚一些，不要让我们的孩子背负太多不该他们承受的压力，或许我们的孩子会在这个社会中，幸福快乐地生活一辈子。

一个家庭最大的悲哀，或许是养不出懂得感恩的孩子。一些父母给予孩子的爱不是太少，而是太多了。有的父母不忍心让其从小体验生活的艰辛，所有事情大包大揽，同时以为他们好的名义，干预他们的任何选择和尝试。身为父母，我们都知道教育的艰难，唯有父母持之以恒的陪伴和引导，而不是一味地口头说教和强制执行，才能培育出德才兼备的精英，才能用一棵树去摇动另一棵树，用一朵云推动另一朵云，用一个灵魂去唤醒另一个灵魂，让孩子从内心理解父母的付出和生活的艰辛，懂得并学会感恩。

儿童时期是情感培养的关键阶段，如同在一张纯净的画布上勾勒出绚丽的色彩，为孩子的一生奠定坚实的情感基础。那么，如何培养儿童的情感呢？

首先，给予孩子充分的爱与陪伴。孩子来到这个世界，最渴望的便是父母的爱。在他们成长的过程中，父母会陪伴他们度过很多重要的时刻，一起玩耍、阅读、探索世界。一个温暖的拥抱、一句鼓励的话语、一次耐心的倾听，都能让孩子感受到深深的爱意。这种爱会成为他们内心最坚实的依靠，培养出他们的安全感和信任感。

其次，引导孩子表达情感。儿童往往不善于表达自己的情感，可能会通过哭闹、发脾气等方式来宣泄。这时，家长和老师要耐心地引导他们说出自己的感受，比如"你是不是不开心呀？为什么呢？"帮助他们认识自己的情绪，并帮助他们学会用恰当的方式表达出来。家长可以通过绘画、故事、游戏等方式，让孩子更好地理解和表达情感。

再次，培养孩子的同理心。让孩子学会站在他人的角度去思考问题，理解他人的感受。可以通过讲述故事、角色扮演等方式，引导孩子体会他人的喜怒哀乐。当孩子看到别人难过时，鼓励他们去关心和安慰别人；当别人遇到困难时，引导他们去帮助。这样，孩子就能逐渐培养出同理心，成为一个善良、有爱心的人。

从次，鼓励孩子面对挫折。在成长的过程中，孩子不可避免地会遇到挫折和失败。这时，家长不要急于批评或指责，而是要鼓励他们勇敢地面对，帮助他们分析问题，并找到解决的方法。让孩子明白挫折是成长的一部分，从而培养他们的坚韧和乐观精神。

最后，创造良好的家庭和社会环境。家庭是孩子成长的第一课堂，父母要以身作则，用积极的情感态度影响孩子。家庭成员之间要相互关爱、尊重，营造和谐的家庭氛围。社会也应为孩子提供良好的成长环境，如举办丰富多彩的文化活动、开展公益活动等，让孩子在充满爱和温暖的环境中成长。

培养儿童的情感是一项长期而艰巨的任务，需要我们用心去呵护、用爱去浇灌。给孩子成长的时间和空间，不要急于求成和拔苗助长，我们父母需要做的，就是在旁边不断地引导和推动，而不是强迫。使孩子逐渐抛弃错误的思想认知和情感糟粕，生活在充满爱与包容的和谐氛围里，从而促进其健康成长。在孩子年幼时，要与孩子建立稳定的情感关系，使孩子在充满安全感的环境里成长。在不断成长的过程中，帮助孩子认识、表达和调节自己的情绪，促进与孩子的沟通，加深情感交流，让孩子学会正确表达自我，调动孩子的内驱力，形成播种—观察和倾听—理解和同情—解决和修正这样的良性循环，最终使其成长为一个充满爱心、富有同情心、知道感恩、充满幸福感的孩子。

让我们共同努力，为孩子的心灵注入温暖，让他们茁壮成长，使其成为拥有丰富情感、善良心灵的人。

思想品德的培养

主讲人：张志杰

　　《爱弥儿》是法国杰出的启蒙思想家卢梭的重要著作，是18世纪第一本小说体教育名著。卢梭针对不同年龄阶段的儿童，提出了不同的教育原则、教育内容和教育方法，即体育教育、感官教育、智育教育、德育教育和爱情教育。

　　本期我与大家分享的是第四章第三节——思想品德的培养。

　　孩子是家庭的希望，更是国家的未来。在孩子的成长过程中，对其思想品德的培养至关重要，犹如为他们的人生之舟扬起正确的风帆。

　　品德又称道德品质，是指个体依据一定的社会道德行为规范行动时所表现出来的比较稳定的心理特征和倾向。品德是社会道德现象在个体身上的表现，它往往借助教育、舆论、社会交往等手段将社会道德规范内化为个体的道德行为准则，使个体在面临一定的道德情境时，能以一定的道德行为准则做出道德评判和抉择，表现出相应的道德行为。

我们首先要了解一下哪些因素会影响到孩子的思想品德：

家庭是孩子的第一所学校，父母是孩子的第一任老师。父母的言传身教对孩子有着深远的影响。一个充满爱与尊重的家庭环境，能让孩子学会关爱他人、尊重长辈。父母要以身作则，遵守道德规范，用自己的行动为孩子树立榜样。比如，在日常生活中，遵守交通规则、爱护公共环境、诚实守信等，这些看似微不足道的行为，却能在孩子心中种下道德的种子。

学校教育也影响着孩子的思想品德。立德树人是教育的根本任务，这就要求学校应将思想品德教育融入到各个学科和日常活动中。学校通过课堂教学，向孩子们传授道德知识和价值观；通过主题班会、社会实践等活动，让孩子们亲身体验道德的力量。例如，学校组织学生参加志愿者活动，让他们学会关爱弱势群体、为社会贡献自己的力量；开展品德评比活动，激励孩子们养成良好的品德习惯。

此外，社会环境对孩子思想品德的培养也起着重要作用。社会各界应共同营造一个积极向上、文明和谐的社会氛围。媒体要传播正能量，多宣传好人好事，为孩子们树立榜样；社区可以组织丰富多彩的文化活动，弘扬传统美德。同时，政府要加强对不良行为的监管，为孩子们创造一个健康的成长环境。

从以上不难看出，家庭、学校、社会三方面都能对孩子的思想品德水平产生影响，那么，作为一名老师或家长，应该如何去做呢？我认为对孩子思想品德的培养，我们需要做到以下几个方面。

一、学校、社会、家庭协同教育是孩子品德培养的基础

家庭是儿童的第一课堂。虽然随着年龄的增长，儿童进入学校和社会，父母对他们的影响逐渐减弱，但不容忽视父母对子女的影响力。

家庭环境应充满正能量，对孩子起正向的榜样示范作用。切勿出现重养轻教、宽严失度、家风不正等现象。诸如对儿童溺爱、纵容、袒护、管教不严；或者简单粗暴、动辄训斥打骂、信奉棍棒教育，造成孩子逆反心理；或者放任自流、疏于管理；或者对家庭成员道德要求不一，使孩子无所适从，对道德规范迷惑不解。

学校是学生接受系统教育的场所，也是学生品德形成与培养中最重要的力量。学校对于一些问题行为的征兆应严加注意，一旦问题行为出现，应在其初期采取必要的措施加以控制，而不是简单地采用"开除""送工读"等方法一推了之。学校不应只抓智育不问德育，对学生的问题行为听之任之，缺乏应有的关注和正确的处理，而应关心、爱护、尊重学生，耐心帮助学生，使他们改正问题行为，在德智体美劳等方面全面发展。因此，教师要注意提高自身的素质及掌握一定的纠正方法、训练技能。

社会是学生活动的大课堂，一方面，学生在社会活动中得到锻炼，逐渐趋于成熟，另一方面，社会上的各种因素也对学生具有潜移默化的影响。因此，在问题行为产生之初，社会各界就应密切关注。

二、提高学生的自我认识，培养自我教育的能力

学生出现问题行为一般与他们的错误认识有关，对错误并不认为是错误，或虽有认识却以为不必"小题大做""大惊小怪"，从而在错误

的道路上越走越远。因此，必须从矫正他们的错误认识入手，帮助他们提高是与非、对与错的分辨力，并能冷静地思考、分析自身问题行为的起因与后果；培养他们自尊、自爱、自强、自信的心理品质；教会他们纠正问题行为的具体方法，提高自我纠正的能力和水平。

三、以正面教育、榜样教育、及时疏导为主

当学生出现问题行为时，切忌采用简单粗暴、讽刺打骂等负面教育方法，而应采取以理服人、以情感人、循循善诱等正面教育方法；父母、教师的良好榜样行为对纠正问题行为可以起到积极作用；班集体健康快乐、积极向上、朝气蓬勃的良好氛围对纠正问题行为也可以起到直接的熏陶作用。

四、施以必要的纠正方法

（一）行为训练法

短期的检查、突击性的检查和严厉的批评、严格监督只能使问题行为在表面上有所收敛，而不能得到彻底矫正；一旦条件允许，问题又会再度发生。因此，纠正学生的问题行为必须作为一项长期的、经常性的工作贯穿于日常生活中。为此，可将《学生日常行为规范》一一细化，制定评定表格及具体实施措施，对改正问题行为的点滴良好表现加以强化，同时也对改进效果不明显者采取一定的强制性纠正措施，但仍须注意提供弥补的机会。总之，在评定、考核、纠正学生问题行为的过程，使学生的行为逐渐规范化，重塑学生良好的行为习惯。这一重塑过程是一个长期而艰难的过程，因此行为训练必须有具体明确的目标，结合奖励，并辅以其他纠正方法，以保证行为训练的真正有效。

（二）心理调节

对有问题行为的学生，要了解他们的心理需求，正面调动他们的积极性，如帮助他们分析自己的心理需求，从而让他们正确地认识自我，学会自我控制、自我调节，排除不正当的需求。必要时还需要用特殊的心理训练方法，如自我暗示和放松训练、音乐疗法、角色扮演法等，以达到健康的心理平衡。

（三）自我教育法

这种方法是通过教师的启发和引导，有问题行为的学生自觉地对自己的思想行为进行自我认识、自我评价、自我监督、自我调控，以达到预定的教育、纠正目标。自我教育法常用的具体操作方法有很多，如榜样学习法、提升自我认知等，在此进行简单说明。

1. 榜样学习法

学生在自己周围，选择熟悉的榜样来进行学习，最好选择自己班上或校内的好学生为榜样，既亲切生动，又容易模仿学习，其效果较好；也可以选择过去有过不良行为，现已表现良好的进步学生为榜样。学习这样的榜样，更容易产生共鸣，激励自己的信心。在学习过程中，不但要模仿，而且要联系自己的实际，对照自己的表现，逐步提高认识，这样才能落到实际行动上。

2. 提升自我认知

要正视自己的不良行为，有自责心、羞耻心，勇于自我解剖，严肃地做自我批评，从错误中吸取教训，时时鞭策自己，并相信自己一定会改正错误，一定会成为一个品行良好的、对社会有用的人。

3. 矫正不良习惯

要让学生相信，习惯是可以改变的，某些不良习惯也是可以矫正的。因此，要从小事做起，时时处处摆脱不良习惯，主动争取同学、老师和家长的配合，要求他们随时督促并帮助自己，并持之以恒，相信不良行为习惯就可以得到纠正。

4. 疏导不良情感

学生通过参加有利于学习、身体的文体活动，并适当地参加家务劳动和社会公益活动等，可起到净化心灵的作用，同时也使情感需求得到满足，暴怒、孤独、自我压制等不良情感均可得到控制甚至消除。

总之，孩子的思想品德培养是一项系统工程，需要家庭、学校和社会的共同努力。让我们携手点亮思想品德的明灯，为他们的未来照亮前行的道路，让他们成为有理想、有道德、有文化、有纪律的社会主义建设者和接班人。

"爱你所爱，行你所行，听从你心，无问西东"

主讲人：孟甜甜

　　《爱弥儿》以卢梭碎碎念的自序开头，接着细腻又犀利地阐述了各种观点，使人读起来感到意外的流畅。本书的主人公是卢梭所设想的爱弥儿，本书讲述了培养他的教育方式和教育原则，甚至他还为爱弥儿安排了理想妻子苏菲。本书题材新颖、言语犀利，尖锐地批判了当时法国封建社会及其教育。细细品味字里行间的金句，读者会觉得，这绝不是一本简单的教育学著作。书中涉及他在哲学、政府组织、人类起源、社会契约、理性质疑方面的观点。个人觉得，这本书是卢梭思想的集大成之作，内容的多样性、完整性超过《社会契约论》。

　　本期我与大家分享的是《爱弥儿》第四章第四节——爱弥儿的发展。

在本章节，作者主要阐述了他对爱弥儿的教育以及培养理念，要引导爱弥儿成为一个怎样的人。卢梭在文中写道："因为我不想把任何话都说满，所以我从宏观上指出走怎样的路，会背离正道，这样爱弥儿就能够有所防范""你让他当观众的同时，也让他当了演员。这个工作必须进行，因为从包厢中只能看到事物的外在，只有在戏台上看到的才是真相。只有坐在恰当的位置，才能看到全景；只有离得足够近，才能看得真切明白。"

这段话给了我极大的震撼，回忆个人的成长之路，以及与学生们交流所获得的信息，深以为然。关于成功有一个黄金公式，成功＝正确的方向＋持续的努力。一个未曾入世的孩童或少年，在确定正确的方向时，可能稍有迟疑，若有幸得到智者只言片语的指导，便如同灯塔一般照亮我们前行的方向，智者讲述的这些箴言、故事，有助于我们做出合理的选择，这就像文中所讲，坐在恰当的位置，才能看到全景，更容易看清所处的位置和所需前进的方向；确定目标后，更重要的是当好自己人生的导演、做自己人生的主人。《劝学》中所说"骐骥一跃，不能十步；驽马十驾，功在不舍"是对坚持的绝佳诠释。"爱你所爱，行你所行，听从你心，无问西东"，方可欣喜、满意地度过这一生。

卢梭的思想与中国的格言"读万卷书，行万里路"不谋而合，我们需要名师为我们指明方向，同时不能做"书呆子"。在本章节中，卢梭写道："从教育的方法来看，就好像每个孩子终其一生只能在书房中孤独地思考一样。你以为教孩子做一些柔软体操、说一些无用的老套话就是教会他去生活了。至于我个人，我也在教我的爱弥儿如何生活。"作者在本章节用了大量的篇幅陈述爱弥儿是怎样的人。

"无论爱弥儿多大，我们都要教育他与人为善，因为做了善事，人就成为好人。"

"爱弥儿要清楚,先要对自己尽责,他清楚不能太过自信,要举止谨慎,尊敬长者,少说一些废话,提醒自己少做一些无聊的事情,但是要勇敢地做有意义的事情,要勇敢地说出事情的真相。"

"爱弥儿不会着急和冲动的,他既活跃又稳重。"

在卢梭的笔触下,富家孩子爱弥儿的生活和精神层面都是富足的,他的性格稳重又活跃,他忠肝义胆,竭尽所能为他人提供帮助,心灵高尚、坦诚、坚韧又乐观、直爽又真实,这让我羡煞不已。那么,物质富足和精神富足是否有必然的联系吗?我想,显然不是!

前不久,毕业于中国科学院大学的工学博士黄国平的博士论文《致谢》引发了广大网友的共鸣和振奋,不卖惨,不叫苦,满是奋斗和感恩。黄国平博士的论文《致谢》,以其质朴而深沉的情感,震撼着每一个读到它的人。

黄国平的《致谢》,是一部与苦难顽强抗争的奋斗史。他出生在一个贫困的山村,"家徒四壁,在煤油灯下写作业或者读书都是晚上最开心的事"。生活的困苦如影随形,但物质的匮乏从未阻挡他对知识的渴望。他经历了亲人的离去、生活的重压,但始终怀揣着对未来的憧憬,一步一步艰难地向前迈进。

"把书念下去,然后走出去,不枉活一世。"这句话成为他心中坚定的信念。在求学的道路上,他靠着自己的努力和坚持,克服了重重困难。雨天上课湿漉漉的、夏天光脚走在滚烫的路上、冬天穿着破旧衣服打着寒战,这些常人难以想象的艰辛,都没有让他放弃。他抓住每一个学习的机会,从乡村小学一路走到了博士的殿堂。

黄国平的《致谢》也是一曲感恩的赞歌。他感谢那些曾经帮助过他的人，老师、同学、朋友，甚至是那些不知名的好心人。他们的一点帮助、一丝温暖，都成为他在黑暗中前行的动力。他没有忘记自己走过的路，没有忘记那些给予他支持和鼓励的人。

2021年6月24日，黄国平作为西南大学校友代表回到母校，给毕业的学弟学妹们致辞。他结合自己的人生经历分享了三点人生感悟：义无反顾、忠恕之道和感恩之心。黄博士在演讲中说：

"我能做的还是只有义无反顾地投入和努力，不曾动摇过目标。"

"哪怕经历再多的难，我们也不能夜夜起身，在灵魂的园子里栽种荆棘。我们能做的，是忠于自己的内心，宽恕世间的不如意。"

"我们固然难以成为可以大笔捐赠的亿万富豪，但我们可以将善良传达到生活的方方面面，比如下雨天开车时注意别把水溅到行人身上。我们固然难以成为影响一方的人物，但我们确实可以给需要的人多一些鼓励。'行到水穷处，坐看云起时。'"

细细品味，黄博士的《致谢》和演讲与卢梭的理念若合一契，选定奋斗的目标，坚持去执行，忠于内心，风雨兼程，怀有感恩之心，回馈社会，成为对他人、对家庭、对社会有用之人。

读到此时，我已深刻明白，经典之所以成为经典，历久而弥新，不是教你狭义上的"消极自由"，而是教给你更多的自由——积极的、共和的、对话的、反思的……最终是灵魂的自由。《庄子·齐物论》有云："万世之后，而一遇大圣知其解者，是旦暮遇之也。"意思是，万年之后遇见一个理解你的人，彼此所隔的"万世"就跟短暂的"旦暮"——早上和傍晚一样。如今，深度品味《爱弥儿》一书，我浮想联翩，仿若看到爱弥儿、卢梭与古今中外无数名人邂逅，他们隔着时间、空间，击掌相笑。

　　品教育经典《爱弥儿》，感受黄国平博士的故事，如同点亮一盏明灯，照亮了无数在困境中挣扎的人。让我们向他们致敬，向他们的坚持和勇气致敬。愿我们都能从他们的故事中汲取力量，勇敢地面对生活的挑战，书写属于自己的精彩人生。

情感的升华

主讲人：荆晶冉

自读师范以来，卢梭是我最先接触到的教育家之一，他也是18世纪法国最著名的启蒙思想家之一。其主要代表作品之一是《爱弥儿》，在本书中，卢梭详细论述了以人的自由发展和自然教育为基础的培养资产阶级新人的教育理想。

早期接触这本书时，我感觉内容过于理想化，鲜少产生共鸣。但这次在工作室杨老师的带领下，再次研读这本教育巨著，加上自己近些年的工作经历和养育孩子的经验，不难发现，书中种种教育理论一一得到印证，令我收获良多，同时，这也无疑为我的教育工作再次指明了前进的方向。

本节的主题是探讨情感升华的问题，在日常琐碎的生活中，情感往往以最朴素的形式呈现。一个温暖的微笑、一句关切的问候、一次轻轻的抚摸，这些细微的举动中蕴含着亲情的关爱、友情的真挚和爱情的甜蜜。我们在与家人的相处中，感受着血浓于水的亲情，那是一种无私的奉献和默默的陪伴；与朋友的交往中，分享着快乐与忧愁，体验着友情的珍贵与坚定；而在爱情的世界里，两颗心的碰撞燃起炽热的火焰，带来无尽的温暖与幸福。

然而，情感的升华并非一蹴而就。它需要经历生活的磨砺、心灵的触动和时间的沉淀。当我们面对困难与挫折时，情感会变得更加坚韧。在困境中，家人的支持、朋友的鼓励和爱人的陪伴，让我们感受到爱的力量，从而激发起内心的勇气和斗志。我们学会了感恩，懂得了珍惜，情感也在这个过程中逐渐升华。

一次深刻的人生体验也能促使情感升华。比如，目睹大自然的壮丽景色，我们会被其宏伟与美丽所震撼，心中涌起对生命的敬畏和对世界的热爱。或者在阅读一本感人至深的书籍、观看一部触动心灵的电影时，我们与主人公一同经历喜怒哀乐，情感得到共鸣和拓展。这些体验让我们的情感更加丰富、更加深刻。近日，我和家人一起看了一部由真实故事改编的电影《守岛人》。电影讲述了主人公和妻子32年守护祖国边陲小岛的故事。主人公和妻子以岛为家，与海相伴。在这32年里，他们和恶劣环境做斗争，还面临着生命危险。189本日志，11680天里穿着军装升国旗、唱国歌，平凡而又伟大的主人公，把美好的青春年华奉献给了祖国的海防事业。看着电影，我无数次落泪，心中一阵阵感动，我的感动源于其平凡的坚守，回想自己的教育经历，这不正是我们一直教育孩子的做事要坚持不懈；我的感动源于其无私的家国情怀，这也是我们对孩子进行爱国教育的完美体现；我的感动源于其无怨无悔的付出，能够激励每个孩子真正把为国奋斗、为国担当当作自己的责任，对国家和未来的责任，这也是《爱弥儿》中所说的情感的升华，从而对人类做出贡献。主人公是幸福的，正是他这种忘我精神、舍小家为大家的情怀，使他在艰苦的工作中实现了人生价值，得到了心灵上的满足与愉悦。

卢梭在书中说道："将自己的爱心施与别人，我们就能够将自爱变成一种美德，这样的美德，在每个人心中都能够生根发芽。"在他看来，热爱人类就是热爱正义。我也相信，如果每个孩子心中充满正义，才是造福人类的共同福利。这不就是情感升华最完美的体现吗？这就意味着情感的升华还体现在对他人的关爱与奉献中。当我们将自己的爱传递给需要帮助的人时，内心会充满喜悦和满足。志愿者们无私的付出、慈善家们的慷慨解囊、普通人的点滴善举，都是情感升华的体现。通过帮助他人，我们不仅让别人的生活变得更加美好，也让自己的情感得到升华，进而体会到人生的真正价值。

卢梭还认为，教育分为三种：自然教育、人的教育、事物的教育。而这三种教育，如果在人的身上是一致的，人就能达到自己的目标，生活得有意义。

从事班主任工作多年以来，我深知班主任工作不仅仅是教学，更多的是育人。中小学教育的"五育"中，"德育"始终排在首位。正如今天和大家分享的第四章第五节——情感的升华，书中提到，爱弥儿的脑海中深藏着真正的正义、美好的代表、人与人之间的道德准则和全部秩序，他明白每种事物应处的位置和让其脱离那个位置的原因，也明白什么东西对人是有用的，什么东西对人是无用的。他虽然没有历尽人世的困扰，可他已经知道它们的含义和作用。其中真正的正义、美好的代表、人与人之间的道德准则和全部秩序不就是我们每位教育者最终想要实现的育人目标吗？

每个孩子最初的情感是爱自身，然后才学会爱身边的人，这也并非我们所说的自私。在这之后，孩子会经历爱心的发展、同情心的建立，从而找到人生幸福的源泉，并学会感恩。与此同时，孩子的道德观在慢慢建立，在这一过程中，孩子如果得到足够的尊重和爱，他的灵感会被高贵的情感激发，他会精力充沛、心灵高尚。他心中也会饱含对人类的爱，在言谈举止中也得以展现他的这种内心活动。

与此同时，卢梭也强调，道德教育不得随意进行，教育的关键是配合天性的发展，教师要根据道德教育基础条件的成熟度来把握道德教育的时机。他认为，虽然良心和理性是先天的，但理性约在青春期时才得到发展。因此，这也告诉我们，教育也要遵循天性，把握好教育时机，否则"欲速则不达"。最近几年，我一直教的都是小学高年段的孩子，他们随着年龄的增长和认知的改变，价值观也在逐渐形成，情感教育对每一名学生乃至整个班集体的班风班貌都产生着巨大的影响。老师对学生的无私关爱，能促进同学之间相互友爱；无论何时，老师待人接物公平公正，也是在为每名学生树立正确的榜样；老师积极向上的心态，会传递给学生正能量，激发他们对美好的追求与向往。所以此项教育工作，对于小学高年段的老师和中学老师来说更是任务艰巨。我也相信，在我们每位教育工作者不懈的努力下，每名学生都能像爱弥儿那样脑海中深藏着真正的正义、美好的情感、人与人之间的道德准则和全部秩序。

正如《守岛人》中主人公所说："人这辈子，能干好一件事，就不亏心，不亏心，就不白活。"我的教育之路还很漫长，在这漫漫长路中，有《爱弥儿》的方向引领，有班主任工作室各位老师的经验指导，我更有信心走好我的教育之路，在我这片小小的教育天地中继续发光发热。

　　情感是人类内心深处最柔软而又最具力量的存在，它如同一条奔腾不息的河流，在生命的旅程中流淌，时而平静，时而汹涌，不断地经历着变化与升华。情感的升华是一个从平凡到璀璨的过程，它让我们的生命变得更加充实、更加有意义。让我们用心去感受生活中的每一份情感，在经历中不断成长，让情感之花在我们的内心绽放出绚丽的光彩。

第**5**章

女孩的教育

女孩从牙牙学语的孩童时期到青春飞扬的少女时代，教育为她们打开了一个丰富多彩的知识世界。在学校里，她们学习科学文化知识、探索自然的奥秘、领略历史的厚重、感悟文学的魅力。通过教育，女孩们培养了独立思考的能力，学会用理性的思维去分析问题、解决问题。她们不再被传统观念所束缚，敢于挑战权威、追求真理。这种智慧的启迪将伴随她们一生，成为她们在人生道路上不断前行的坚实基础。

教育是塑造品格的熔炉。在教育的过程中，女孩们学会了善良、勇敢、坚强和自信。她们懂得关爱他人，尊重不同的意见和文化，培养了良好的人际关系和团队合作精神。教育赋予她们面对困难时的勇气和坚韧不拔的毅力，让她们在挫折面前不屈不挠，勇敢地站起来继续前行。同时，教育也让女孩们更加自信地展现自己的才华和能力，勇敢地追求自己的梦想。她们不再因为性别而自我设限，而是以坚定的信念和无畏的勇气去开拓属于自己的未来。

教育是推动社会进步的引擎。当女孩们接受了良好的教育，她们将成为社会各个领域的佼佼者。在科技领域，她们可以用智慧和创造力推动科技创新；在商业领域，她们可以凭借敏锐的洞察力和果敢的决策力开创一番事业；在文化领域，她们可以用细腻的情感和独特的视角创作出优秀的作品。女孩们的参与将为社会带来更多的创新和活力，促进社会的公平与和谐发展。此外，受过教育的女孩还将成为家庭的支柱和社会的榜样。她们可以教育自己的子女，传承优秀的文化和价值观，为下一代的成长奠定良好的基础。

　　然而，尽管对女孩的教育在当今社会取得了很大的进步，但我们仍然面临着许多挑战。在一些贫困地区和落后国家，女孩们仍然面临着教育机会不平等的问题。她们可能因为家庭贫困、性别歧视等原因而无法接受良好的教育。我们需要加大对这些地区的教育投入，提供更多的教育资源和机会，让每一个女孩都能享受到教育的权利。同时，我们也需要改变传统的性别观念，消除对女孩的歧视和偏见，让女孩们在一个公平、公正的环境中成长。

男孩与女孩的差异

主讲人：魏丽丽

　　大家好，我与大家分享的是《爱弥儿》第五章的第一节——两性的差异与职责。

　　卢梭作为18世纪法国启蒙思想家，他有很多称号：哲学家、教育家、文学家、民主政论家和浪漫主义文学流派的开创者等，但是遗憾的是，他对两性的认知无法超越当时的一般社会看法，下面我们先一起看看卢梭在本章节的基本观点。

　　卢梭首先谈了两性性别差异，从男女的自然生理条件过渡到不同的精神特质，进而总结出女性应遵守何种道德观念。他认为两性生理结构的差异是自然的安排，一个因身强力壮而积极主动，另一个则因身体柔弱而处于被动。女性在这种自然法则下就应该取悦和从属于男性。男性所承担的社会分工被认为是重要的，在社会中居于主要的位置，而女性所承担的社会分工被认为是次要、从属的，在社会生活中依附于男性。

卢梭很分明地将女性定位在男性的依附位置上，他眼中的世界是一个以男性为中心的世界。他认为女人的存在是为了男人的存在，女人的幸福在于使男人感到幸福。"女人是特地为了使男人感到喜悦而生成这个样子的。""如果说女人生来是为了取悦和从属于男人的话，她就应当使自己在男人看来觉得可爱，而不能使他感到不快。"其中，尤其重要的是教会她接受礼仪和规矩的约束，目的是使她们从小学习顺从他人的意志，正如卢梭对女性的基本定位一样，女性生来隶属于他人，是男性的伴侣。在此基础上，女孩就会逐渐形成对她而言必不可少的一种品质——温顺，为忍受今后的丈夫和家庭生活做准备。

这个观点放在现在看，无疑是非常荒谬的。一个只知道服从、忍受的女性，是以牺牲自己为代价，来满足男性的社会存在感的，却没有办法来创造更多的社会价值。也许她们中间有科学家、哲学家，但都会被这样一种社会地位而无情抹杀。即使到现在，我们必须承认，很多事情对于女性，仍然是不公平的，甚至很多老师对待女生，也有很多可以进步的地方。曾经不止听到一个老师说，"女生数学就是不行""女生一上高中就不行了"。先不说这些话会给女生带来多少不良的心理暗示，有时态度上的区别对待，他们可能也是不自知的。我们放眼观察周围，自己曾经带过的学生，女生整体真的不如男生吗？当然不是。相关资料表明，从2004年开始，高考状元中男女生人数基本不分伯仲，甚至女生多于男生。有人说，是因为高考难度降低了，所以女生人数多，这句话更是无稽之谈。一个真正聪慧的人无论难度高低都能做得好。2004年以前女生高考状元人数少的原因在于很多女孩根本无法受到平等的教育。生活在城市里的也许还好，二十世纪八九十年代的农村孩子，很多女孩在小学毕业后就被家长要求辍学养家、嫁人，好为家中带来经济价值，甚至有的女孩都没上过学，如果一个多子女的农村家庭中既有男孩又有女孩，那女孩接受教育的概率几乎为零。这当然源于当时落后的经济状态以及普遍的社会价值观。很多人认为女孩最大的价值在于嫁人而不是读书。在这种社会观的普遍影响下，女孩自己也被这种思想影响，不做更多的努力，就接受了命运的安排。我们作为老师，正确引导学生认知女性的价值，是一项重要的工作。

由于一些社会原因，很多女性没有受到公平的教育，这种现象在现在的学生群体中仍然存在，甚至我们的一些老师本身也有重男轻女的潜意识而不自知。2019年，我教的一名女生，从活跃开朗变得沉默寡言，只因家中又多了一个弟弟。妈妈向她传递的思想是姐姐就是要关爱弟弟，为弟弟将来有更好的社会地位和经济地位而努力，女孩好像忽然意识到自己的存在对父母来说好像也没有多大意义。了解到这种情况，我约谈了女孩的母亲，从孩子人格发展的角度和她沟通，争得了她部分的支持，因为要完全改变一个成年人的思想，几乎不可能。仔细深入思考，这里面有更可悲的一层含义：女性自己都看不起自己的性别。一个小我7岁的表妹，她的女儿5岁，二胎儿子刚刚出生一个月，她就信誓旦旦地说，将来的一切肯定都是要留给儿子的。据我了解，这种社会现象仍然是存在的。

女性在家庭中的贡献也往往被视而不见。卢梭认为女性的生活是轻松且没有压力的，即使其生育并抚养了多个子女。"如果连在巴黎长大的青年人对职业军人的生活都吃不消，那么，从未经过日晒雨淋，甚至连走路都吃力的妇女，在过了五十年的安逸生活之后，还能承受那份痛苦吗？"卢梭认为当时的女性过的是"安逸的生活"，这种忽视女性在生产和抚养子女中的艰辛劳动的思考方式，也真是没有经历过生养艰辛的男性才有的。我们上班族，尤其是女性，都知道生养一个孩子的劳动量以及付出的体力、脑力要远远大于工作。当然，在现代生活中，抚养子女的责任是由男女双方共同承担的，但并不是所有家庭都能做到。

卢梭在后文虽然也反对当时社会环境对女性的轻视和偏见，从男女所具有的共同人性出发，提倡女性应该接受教育。但是，卢梭又明确提出，女性所受的教育应该是家务以及男性社会所认可的女性的美德，并不怎么需要学习科学文化知识。卢梭认为女性天生不喜欢读书和写字，只对那些打扮布娃娃一类的事感兴趣，因而他认为只需要传授那些对她们成为一个贤妻良母有用的事情，学问不用太深，也不需要为她们聘请教师。纵观全书，我们会发现女性并不是《爱弥儿》这本书所讨论的核心对象，只是在书的末尾作为爱弥儿的伴侣出现；而且卢梭总是将女性放在一个家庭中，只将之以妻子的身份来看待和要求，在此基础上反思她们需要如何被培养。因此这些看法都有其特定的视角和前提，本身就失之偏颇，更不用说它们背后掺杂的卢梭本人所在的那个时代和以往思想传统之影响。

那么我们作为教师，显然是不能以卢梭的这种教育观和性别观去教育现在的孩子的，否则，我们就成了时代的罪人、公平教育的杀手。男女先天的确存在差异，但这些差异是先天身体结构方面的，而不是精神方面的，这和卢梭的思想正好相反。我们可以反观现在的教育，现在有些所谓的学说特别突出男女教养的不同，是否会为重男轻女的想法找到更好的托词？单独存在的女校、男校是否真有显著的效果？对此，专家的争议仍然很多。而我们作为老师，在普通的班级教育中，也许能感受到男孩、女孩学习方式的不同，但感受到更多的是相同，而我们要去思考的是：这到底是先天造成的还是社会层面引导和教养方式造成的？

我们虽然承认这些思想有很多不合理之处，但也不能全归于卢梭本人的问题，特定的时代背景、写作视角等都有一定影响。他眼中的女人缺乏发现本质的理性思考能力，只有实践层面的理性，他用当时社会普遍性的目光横向审视了社会中的女性群体，却一定程度上忽略了这一现象背后隐藏的造成女性这种境况的社会历史原因——那个时代的绝大多数女性很可能从幼时起就根本没有被提供足够的教育，正如书中苏菲所学习的知识就与爱弥儿的所学几乎完全相反。男女的教育在起点就处在不平等的发展条件中，却要在成年后被同一种标准衡量与比较，卢梭本人很可能并未意识到这种思路的不合理。

"尽信《书》，则不如无《书》。"

从现代的教育理论来说，男生和女生在诸多方面存在着明显的差异。这些差异不仅体现在生理特征上，还延伸至心理和行为表现等方面。了解男生和女生的差异，有助于我们更好地认识自我和他人，构建更加和谐的人际关系。

首先就是男生、女生在生理方面的差异。从身体结构上来说，男生通常具有更为强壮的骨骼和肌肉，身体更为高大健壮；女生则相对身材较为娇小，身体线条较为柔和。从激素水平上来说，男生体内雄激素水平较高，这使得他们具有更多的男性特征，如毛发旺盛、嗓音低沉等；女生体内雌激素水平较高，赋予了她们女性特有的生理特征，如细腻的皮肤等。

其次就是男生与女生在心理上有明显的差异。从思维方式上来说，男生倾向于逻辑思维和理性思考，在解决问题时更注重分析和推理；女生则更偏向于感性思维和直觉判断，在处理问题时更注重情感和人际关系。从情感表达上来说，女生通常比男生更善于表达情感，她们更容易流露出喜怒哀乐；男生则相对较为内敛，不太善于直接表达情感。从他们的自信心上来说，在某些情况下，男生可能表现出更高的自信心，敢于冒险和尝试新事物；而女生则可能更加谨慎，对自己的能力有时会缺乏足够的信心。

最后就是男生与女生在行为上的差异。从社交行为上来说，女生在社交中往往更加注重人际关系的维护，善于倾听和关心他人；男生则更倾向于竞争和展示自己的实力，在社交中可能更具攻击性。从兴趣爱好上来说，男生通常对体育、科技等领域更感兴趣，而女生则可能更喜欢艺术、文学等方面。从应对压力方式上来说，男生在面对压力时可能更倾向于采取行动来解决问题，如通过运动或工作来释放压力；女生则可能更多地通过倾诉和寻求支持来缓解压力。

至于个人实践层面，我从来不对班里的男女生在精神层面、智力层面和后续发展层面做任何区别评判，而是对他们的一言一行、一举一动都会注意。作为教师，我经常教育自己：要有独立思考的能力，不要让社会的一些不良行为带走本心，要养成从本质上思考问题的习惯。虽然我们的认知也难免会受到时代和社会大环境的影响，有一定的局限性，但是只要你愿意思考，不断学习，扩大眼界，不轻易认同人云亦云的观点，你就能得出最接近于真理的答案。

男孩与女孩教育的不同

主讲人：李广锐

在卢梭的《爱弥儿》中，作者提出对男孩、女孩的教育方式应该有所不同，这也是我们当今的教育工作者要细细研究的一个问题。由此我想到前一段时间，"小男孩在幼儿园亲吻小女孩"事件在网络上热传，据悉，两个孩子的家长因此引发了矛盾。

事情的起因是这样的，小男孩因为喜欢同班的一个小女孩，亲吻了她的脸。小女孩的妈妈觉得不妥，希望小男孩的妈妈让他们保持距离，但是小男孩的妈妈则认为：这是孩子们交朋友的一种正常表现。

网友们也为此争论不休，有的认为：孩子什么都不懂，没什么的。

有的网友则认为："三岁看大，七岁看老"，防微杜渐还是有必要的。

3岁的孩子已经有性别意识了，随着性别意识的不断强化，男孩和女孩的心理特征、做事习惯、性格特点将会出现明显分化，这要求父母针对男孩和女孩要使用不同的教育方法，父母要培养阳光男孩、培养优雅女孩。如果父母的性别教育意识不强烈，甚至错位，将会导致孩子的心理、情感世界扭曲不健康。

由此不难看出，大家对于男孩与女孩的教育还未达成共识，尤其是认为孩子还小，没什么大不了，这样的观点是不对的，需要我们加强学习。

一、男女确实有别

3岁之前，孩子性别意识不强，到了3岁左右逐渐意识到"男女有别"，随着孩子一点点长大，他们对男女的着装、行为举止、性格特征会逐渐全面认识，也就逐渐形成了性别意识。

美国心理学家科尔伯格把儿童性别守恒的发展划分为以下三个阶段：

第一阶段：性别标志阶段，即孩子对性别的认识是根据外部的、表面的特征来判断，比如头发长度、服饰等。当一个布娃娃的服饰或发型改变后，孩子会认为它的性别也改变了。

第二阶段：性别固定阶段，即孩子对"性别守恒"有了一定认识，知道男孩将来要长成男人，女孩将来会长成女人，但他们仍相信改变服饰、发型等就能导致性别转换。

第三阶段：性别一致性阶段，即孩子相信了性别的一致性，就比如一个人即使"穿错了衣服"，也不会改变性别。

心理学家认为：早点引导孩子进行性别角色认同，有助于他们加强对自身的了解，更能早点形成健康的人格。随着孩子性别意识的不断强化，男孩和女孩的心理特征就会出现明显的两极分化，主要表现在以下几个方面：

男孩哭泣的次数明显减少，女孩则变得非常敏感，富有同情心，不过在这里要注意，男孩哭泣的时候往往也是他们最脆弱、最需要安慰的时候，父母必须做好男孩的情绪疏导工作；男孩喜欢在竞争中表现自己，体现自己的价值，而女孩会是"与世无争"的模样，喜欢和伙伴做合作性游戏；男孩比女孩更易愤怒，喜欢具有挑战性的活动，显露出"男儿本色"，女孩则变得非常安静、端庄，俨然"小淑女"的模样。

男孩与女孩天生就不同，这决定了针对男孩和女孩要使用不同的教育方法，父母必须掌握区别对待男孩、女孩的正确方法。

二、男孩女孩教育方法也有别

父母培养孩子的性格，如果不考虑孩子的性别，孩子就会出现很多问题。近年来，部分男孩身上出现了"女性化"的倾向，他们的心理有时比女孩还要脆弱，经受不了一点点的打击。

某综艺节目中，一个小朋友白净乖巧，梳着长长的辫子，头上还有一个粉色的小卡子，穿着白色卫衣和黄色背带裤，一直被当成女孩对待。可当有人帮其换纸尿裤时，才得知这是个女孩打扮的男孩。

孩子性别意识不强，异性打扮，让他们无法从外表及别人对待自己的方式上正确解读性别，很容易造成孩子轻微的性别认同混乱。性别认同混乱会对一个人的生活、社交以及将来的工作、择偶、亲密关系的建立都产生一定的负面影响。

记得有位朋友跟我说过，他儿子刚上一年级时，就是不愿去学校。仔细询问之下才知道，原来，他儿子羞涩，因为小时候总穿姐姐的女式衣服，行为做派也和姐姐很像，被同学们嘲笑为"娘娘腔"，即男生女性化。

北京安定医院精神科某主任曾表示，儿童出现身份识别障碍与生理异常、天生的素质和教养环境有关。我们无法改变孩子的遗传因素，但是我们能决定孩子的教养环境，早点对孩子进行性别认同教育，是非常有必要的。

男孩应有的天性应该是活泼好动、好胜心强等。要关注男孩的心理，"忽视"其行动，不要过分限制男孩的行动，要给他行动的自由，让他学会勇敢。这需要父母在生活中多鼓励男孩，多给孩子实践的机会，让他多跟父亲待在一起，榜样的力量是无穷的，一个好的榜样示范作用胜过苦口婆心的教育。

而对女孩性格的培养就不一样了。

女孩会经常问："妈妈，我的裙子漂亮吗？"女孩天性敏感，在意别人对自己的评价，所以父母在平时要多注意向女孩传达正面的信息。

以下是我经常对我女儿说的一些鼓励的话：

"你的手指又细又长，说明你心灵手巧。"

"你今天碰见超市的阿姨，主动打招呼了，表现得非常棒。"

"刚才那首歌，你唱得真的很好听呢！"

这些正面的信息会带给女孩积极的暗示，使她们受到鼓舞，变得积极乐观起来。

三、如何培养阳光男孩

"一个阳光快乐的孩子是一个自主的孩子，他（她）有能力面对生活中的各种困难，也能在社会中找到自己的位置。"这是儿童教育学界共同认可的观点。

男孩的精力通常比女孩要旺盛许多，犯错误更是"家常便饭"，大人稍不留神他们就会去做危险的事情。虽然带孩子的过程的确是让人焦头烂额，但也正是这些过程培养了他们的性格和品格。

对男孩来说，教育的关键在于使其阳光开朗。男孩因为淘气总是犯错误，难免会招来责骂。甚至有些男孩被骂惯了，就不当一回事了。

一定要将那些精力旺盛、总是带来的"破坏行为"的男孩引上正途，同时也要注意不要扼杀男孩活泼好动的天性以及创造力。

1. 给男孩定一些规矩

男孩上幼儿园时，父母必须提前告诉他们要遵守幼儿园的纪律，比如进出门要打招呼、发言要举手、上课时间不要随意走动，让男孩养成有规律的作息习惯等。

2. 要给予男孩足够的活动空间

面对男孩的精力过盛，父母想到的第一办法总是阻止。

心理学家认为，与其禁止男孩的破坏行为，不如"鼓励"他们的行为，只有精力得到释放后，他们才肯静下心来做其他的事情。运动无疑是让男孩释放过盛精力的好办法，运动还能给男孩带来很多好处，如有归属感、增强自信、促进健康。父母还可以在家里专门设置一个区域，让男孩消耗过盛的精力，但是要为这个区域设置一些规则，运动不能具有破坏性，如可以在这个区域奔跑，但是不能损坏里面的东西。

3. 正确引导男孩的冒险行为，化好奇心为创造力

精力旺盛的男孩具有渴望冒险的精神，他们总是想尝试新事物，体验刺激的感觉。男孩在冒险的同时常伴随着创造性的行为。敢于冒险的孩子一定是一个有创造性的孩子，所以父母要多关注男孩的创造行为。

4. 适当满足男孩的自主权

有时，男孩只是想要一个人去做事情、去探索、掌控局面，所以要根据男孩的年龄和能力，逐渐给他们一些自主权。一位朋友分享过他跟儿子"过招"的经历。在以前，每晚都是朋友下命令，到22点就让孩子去睡觉，当这个朋友了解到男孩的权利欲和控制欲的时候，就不再试图强迫孩子必须听他的了，而是让孩子自己决定做什么或者怎么做。后来，他就改变了方法，让孩子自己决定睡觉的时间，孩子想了下，决定还是22点睡觉。在其他的事情上，朋友也尽量给予孩子自主权，让孩子先决定，然后再一起商量，有了这样的改变后，效果是很明显的，父子关系也增进了，孩子不再是以前的顶嘴状态，而且孩子把每一件事都做得非常好。对待一个男孩，多给他一些自主权是有必要的，因为将来他作为一个男人、一家之主、职场上的"战士"，必须有自己做主的能力，有对事物的判断力。在生活中，给予男孩一定的自主权，不仅能满足男孩的控制欲、减少对抗，还会让男孩养成积极主动、自信乐观的阳光性格。

四、如何培养优雅女孩

教育女孩，就应该全面认识女孩。女孩表面上看起来乖巧，但是可能隐藏着一些性格缺陷，如胆小、软弱、敏感。

那么，如何做才能让女孩变得独立、自信、优雅呢？

1. 培养女孩的独立性格

很多父母可能对女孩非常疼爱，会代劳很多的事情，父母应该学会放手，给孩子独立锻炼的机会。教育家指出，父母只有在儿童幼儿期"离开子女"，才能培养孩子的独立能力。凡是孩子自己能办的事都要

129

让她自己去尝试，自己退在后面。孩子学会了自己照顾自己，具备了自理能力，也就自主迈出了一大步。如果孩子在要求自立的敏感期得到鼓励，"让她自己做"，她会变得比较有能力、比较自信。

2. 引导女孩学会理性思考

女孩大多是天生爱哭的，如摔个大跟头，女孩可能就会哭了，而男孩往往爬起来就接着玩了，好像什么事都没发生过一样。女孩跟男孩的思维方式不同，她们更感性一些，面对问题时，女孩往往凭一时的感觉去做决定，结果往往"受伤"的总是女孩，所以，更要引导女孩学会理性思考。之前跟朋友探讨孩子兴趣班时，她有着不同的想法，因为我们两家都是女孩，她说："现在给女孩报的兴趣班不是美术班就是舞蹈班，除了这些，应该给女孩报个思维训练班或者围棋班。"我当时很不解，她笑着说："我从小就在洋娃娃的陪伴下长大，结果上学后发现自己的思维方式很感性，小学时还勉强应付各学科，到了初中就感到吃力了，上高中更是偏科。为了不让孩子将来走我的路，所以让她参加一些偏向思维开发的兴趣班，这样，孩子长大了看待问题既有感性的一面，也有理性思维的一面。"

就像我朋友所说的，女孩感性方面增强，理性思考能力就容易被忽视，我们除了要对其进行专门的理性思维训练之外，还要培养孩子养成独立思考的习惯。

女孩的理性思维是一点点积累起来的，只要父母细心、多加引导和启发，女孩就会更加理智地看待问题。

3. 要让女孩变得坚强勇敢，爸爸的作用不可小觑

相对于妈妈，女孩更渴望得到爸爸的关注，当女孩对事物有了兴趣和探索的欲望时，爸爸一定要参与进来。

比起妈妈，爸爸更能培养女孩的独立性。爸爸通常会给孩子严厉的印象，如果对女孩的要求太高或者态度严厉、冷漠，女孩就会感到失望。相反，那些乐观、开明的爸爸会跟女孩建立一种亲密的朋友关系，会将独立、自信、乐观的性格传递给女孩，那么女孩会变得更加自信、独立和自强。

通过以上的分析可知，男孩和女孩确实需要差别对待，以帮助他们更好地成长。

艺术发展

主讲人：王玥

　　大家好，我是王玥，今天想与您分享的是卢梭的《爱弥儿》的第五章第三节。《爱弥儿》是一本夹叙夹议的教育小说，书中以富家孤儿爱弥儿为主人公，论述了爱弥儿从小到大成长过程中的各种教育问题，批判英国旧教育的荒谬腐朽，并提出了著名的自然教育理论。同时借对爱弥儿未来妻子苏菲的教育，论证了当时女孩教育的革新，即只要有美德，就可以行使她的权利；只要有热心和才能，便可以养成一种审美的能力，进而欣赏美以及与之相联系的道德观念。卢梭笔下的爱弥儿在艺术方面就有比较好的发展。

　　在孩子的成长过程中，艺术扮演着至关重要的角色。培养孩子的艺术素养，不仅能够丰富他们的内心世界，还能提升他们的创造力、审美能力和综合素质。艺术如同照亮孩子心灵的明灯，引领他们在多彩的世界中探索、成长。

那么，培养孩子艺术素养有多重要呢？

培养孩子艺术素养可激发孩子的创造力。艺术给予孩子无限的想象空间，让他们能够自由地表达自己的想法和情感。通过绘画、音乐、舞蹈等艺术形式，孩子可以突破常规思维，培养创新意识和创造力。

培养孩子艺术素养可提升孩子的审美能力。通过接触不同类型的艺术作品，孩子能够学会欣赏美、感受美，提高对色彩、形状、声音等的敏感度。审美能力的提升将影响孩子的生活品质和价值观。

培养孩子艺术素养可促进孩子的情感表达。艺术是一种情感的语言，孩子可以通过艺术创作来抒发内心的喜怒哀乐。这有助于他们更好地理解自己的情绪，增强情感认知和管理能力。

培养孩子艺术素养可增强孩子的自信心。当孩子在艺术活动中取得成就时，会感受到自我价值的实现，从而增强自信心。艺术还能为孩子提供展示自我的平台，让他们在他人的认可中获得成就感。

既然培养孩子的艺术素养这么重要，那么老师和家长，应该如何培养孩子的艺术素养呢？

给孩子提供丰富的艺术环境。在家中为孩子布置充满艺术氛围的空间，如摆放绘画作品、播放音乐等；带孩子参观艺术展览、博物馆等，让他们亲身感受艺术的魅力；可鼓励孩子自由创作，给予孩子足够的自由和空间，让他们随心所欲地进行艺术创作，不要过分强调技巧和规范，而是注重孩子的创意和表达；让孩子参加艺术课程，如绘画班、舞蹈班、音乐班等，专业的指导可以帮助孩子系统地学习艺术知识和技能，提高其艺术水平；亲子活动，家长可以与孩子一起进行艺术活动，如画画、唱歌、手工制作等，这不仅能增进亲子关系，还能激发孩子的兴趣和积极性。

在培养孩子艺术素养方面，侧重点也是不一样的，如通过绘画培养孩子的观察力、想象力和表现力。引导孩子观察周围的事物，鼓励他们用画笔记录下自己的所见所想。同时，提供各种绘画工具和材料，让孩子尝试不同的表现手法。如著名画家毕加索在小时候就展现出了对绘画的浓厚兴趣，他的父亲是一位美术教师，为他提供了丰富的绘画工具和良好的艺术环境。毕加索在自由创作的过程中，逐渐形成了自己独特的艺术风格。而音乐可以培养孩子的节奏感、音感和表现力。让孩子多听不同类型的音乐，感受音乐的节奏和旋律。可以为孩子提供乐器，让他们尝试演奏简单的乐曲。学习舞蹈可以重点培养孩子身体的协调性、节奏感和表现力。鼓励孩子参加舞蹈课程，学习基本的舞蹈动作和技巧。同时，为孩子提供展示的机会，让他们在舞台上绽放光彩。如某芭蕾舞演员，从小就对舞蹈有着执着的热爱，她的父母支持她学习舞蹈，并为她提供了专业的舞蹈训练。后来，其通过自己的努力和天赋，在国际舞台上取得了巨大成功。

在此，我还想重提一下卢梭对教育自然观的理解。在文中，卢梭反复提倡"自然后果法"，强调的是自然，顺应自然规律，自由成长，让儿童在自然成长的过程中收获经验，这实质上就是一种体验式成长。相比"惩罚""胁迫"，"自然后果法"更能带给儿童强烈的内心体验。此外，让儿童为自己的行为承担后果，更能从小培养其责任心和担当意识。

卢梭认为，教育要服从自然的永恒法则，让孩子自由发展。教育的途径只有两种——生活和实践，卢梭还主张让儿童接受劳动、自由、平等、博爱的教育，让孩子能够进行自我支配，并且可以通过自己的力量收获幸福。他假设了一个教育对象——爱弥儿。他让爱弥儿接受自然教育、劳动教育等，并告诉父母如何根据孩子不同的年龄采取不同的教育方法。

父母总是把孩子的安全、温饱等基础需求当作最重要的事，但是孩子的发展在很大程度上没有办法遵循一个固定模式。成人之后如何保护自己？如何经受命运的打击和看淡富有和贫困？这些问题是我们要思考的。

父母常常"爱你不商量"，如父母和孩子一起吃饭，孩子不喜欢吃肉，可父母为其夹了一盘子的肉，那对孩子而言会是一种什么感受？我们希望孩子过得幸福，但是孩子是否能够幸福，其实在于孩子自己的感受，而不是我们觉得这样做，或者我们这样安排他，我们觉得这孩子听话，他将来就会幸福，那只是我们以为的幸福。

这也就是卢梭所提倡的自然教育，即儿童不受除自身发展需求和欲望之外的其他社会束缚，使其天性从成人的压抑下解放出来。教育的作用也无非使幼儿回归人的自然状态，遵循人的自然倾向，使之自由成长，为自己而生活。

对于家长而言，关心的一个问题就是孩子身体的养护，不要给孩子的身体过度的束缚，也不要过度担心孩子的身体会遭受到冷空气的突袭；相反，要让孩子的皮肤感受温度的变化、感受暑热和寒冷，从而使其在各种气候条件下都能够生存。越是担心他们受到伤害，反而会越使他们的身体变得柔弱。

在保证安全的情况下，应该满足孩子随意活动的需求，你会渐渐地发现其体质强壮起来。同时，把孩子的欲望限制在能力范围之内，要对孩子的不合理要求说"不"。

教育的目的不在于教给孩子真理，而在于帮助他们掌握获取真理的方法，在儿童的身体以及智力还未成熟就急于向他们讲道理，不仅不会对他们的成长产生任何积极作用，反而会伤害他们的心灵、挫伤他们的积极性。

根据卢梭的自然教育理念，教育的本质不是教给儿童取之不尽、用之不竭的知识，而在于掌握一种保全生命，并得以在社会中生存下去的本领。老师教的不只是知识，更是获取知识的方法，这样学生才会在求知的过程中收获快乐。

我也在班级管理中慢慢践行着卢梭的自然教育理念，我随时表扬为班级做出贡献的同学，班里充满着人人争做好事的氛围。那天放学后，小翔同学本不该值日，但我看见他特意留了下来，把劳动工具摆放整齐，整个教室也显得更加井井有条。我默默看着小翔同学所做的一切，打算明天好好表扬他一番，这时，小翔同学走过来，"明知故问"地对我说："老师，这些劳动工具是谁归置的呀？真整齐！"我心里知道这个小机灵鬼是怎么想的，笑着配合他说："当然是你的功劳呀，明天老师会让同学们都向你学习的。"听了这话，小翔同学的脸笑成了一朵花，他背着书包连蹦带跳地离开了教室。从那以后，小翔同学就经常在班里做好事。我也毫不吝啬地多次给他锻炼的机会，他的行为也让更多的同学参与到班级管理中。虽然没有太多的说教，孩子们却慢慢掌握了本领，收获了快乐。

《爱弥儿》体现了卢梭的教育思想的核心：自由、自然。培养孩子的艺术素养是一项长期而有意义的任务。通过提供丰富的艺术环境、鼓励自由创作、参加艺术课程和亲子共同参与等方法，我们可以帮助孩子开启艺术之门，让他们在艺术的世界中茁壮成长。艺术将成为孩子一生的财富，为他们的未来增添绚丽的色彩。成功培养孩子艺术素养的案例也告诉我们，只要给予孩子足够的支持和引导，每个孩子都有可能在艺术领域绽放出属于自己的光彩。同时，卢梭还主张让儿童接受劳动、自由、平等、博爱的教育，让孩子能够进行自我支配，并利用自己的力量得到幸福。这对后来的教育学的发展有着极其重要的指导意义。

提问与回答的技巧

主讲人：夏霞

　　《爱弥儿》第五章第四节，重点讲述了女孩提问与回答的技巧。

　　书中告诉我们：不应该让男孩提出无理的问题，也不应该让女孩提出同样的问题。无论我们满不满足他们的好奇心，都会引起严重的后果，而且他们擅长猜测隐藏的答案，擅长找出秘密的答案。我虽然不喜欢孩子们问东问西，但我认为应多多向他们提问题，想方设法让他们多谈话，让他们经常锻炼，让他们的口才和心灵得到升华。要在轻松的氛围中和女孩们进行谈话，要合理安排谈话的内容，这样才能使年轻的女孩们觉得有趣，并在不知不觉中，向她们灌输人生最基本和有用的道德教育。表面上，你是在同她们谈论轻松有趣的琐事，事实上是在告诉她们需要具备怎样的品性，才能获得男人的尊重，才能使自己获得幸福和荣誉。

　　从这里不难看出，卢梭特别关注孩子的提问和回答问题的情境等，在此，也让我们反思一下对待学生提问时的状态。

青少年有着花一样的年龄、谜一样的心理。老师作为培养花朵的园丁，也是打开谜团的钥匙。相信不少老师都产生过这样的教育困惑：现在的学生接触的东西越来越多，问老师的问题也越来越"刁钻"，稍有不备，我们就会被学生带来的各种"疑难"问题难住。

记得那是十几年前的一个下午，当我拿着课本走进教室时，令我意想不到的事情发生了：黑板没擦。我用一种略带不满的眼神寻找着值日生，但学生们用诡异的表情望着我。我顿时感觉情况不是我想象得那样简单。我转身端详了一下黑板，原来黑板上是一名学生的涂鸦：想挑战吗？别擦！留给第一个进来的教师。

我内心愕然，原来这是给我的问题。"请写出下列球队的代表性球员：休斯敦火箭——，圣安东尼奥马刺——，洛杉矶湖人——，菲尼克斯太阳——"我怀着一丝不易觉察的不安再次观察了全班同学，只见他们正以一种挑战的目光注视着我。

作为一名语文教师，我承认我当时没有对体育特别关注，但是，这个问题却给了我一个对学生表白的机会，这些"跨学科"问题成为我和学生打开沟通之门的钥匙。还好，我可以应对这些问题。我没有责怪，没有追问"谁干的"，也没有回避，而是跟学生们如数家珍般地聊起了我仰慕的乔丹、引以为傲的姚明、崇拜的艾弗森……同学们的表情告诉我，我的挑战成功了。

可是事后，我却在反思：对这些非专业问题，老师答不上来情有可原，但随着时代发展，教师们遇到的问题越来越多、越来越新，甚至可能都被学生问得措手不及，何况一些年轻教师教学经验尚浅，积累有限，答不上来也是时有的事。所以，作为教师，我们该如何对待学生各种各样的发问，特别是答不上来时，为人师者的"面子"和"里子"该如何摆放？面对学生的提问，教师们要掌握以下原则：

原则一：避免消极回答。

学生如果感觉教师并不想听他们的问题，会打击他们的积极性，使他们不敢提问。打击学生积极性的情况包括打断提问、回避眼神交流、回答仓促或不完整、消极点评和反问等。教师在不知道答案的时候要敢于承认并感谢学生的提问，不要给学生一个错误的答案然后让他们自己去改正。可以试试：

（1）问问是不是有学生知道答案。

（2）给提问的学生提供一些资料让他们自己找答案。

（3）给学生演示如何边想边说答案。

（4）下次课公布答案。

这个问题如果后面课程涉及，要告诉学生，你会到时候再来回答，当谈到那个问题相关的内容时，要跟学生确认他们的问题是否得到了很好的解答，让学生知道你还记得这个问题，并且不只注意提问的学生，应环视教室，面向所有学生做点评。

原则二：将问题分类。

不要不理会简单的问题。有时一个听似简单的问题可以引发一场热烈的讨论，甚至最古怪的问题也需要巧妙的答复。如果你努力让提问时紧张而困惑的学生放松下来，你会赢得全班同学的好感。

有时候回复问题需要很长时间或偏离了主题，你可以告诉学生在课后或答疑时间回答。另外，教师可从问题与课堂教学内容之间的相关性出发，将问题拉回到具体的教学内容上，与教学内容结合在一起做出解答。

当回答重复的问题时，耐心对待，尽量使用不同的表达和例子，或考虑让另一名学生来回答这个问题。

遇到"穷追不舍"的提问者，你要学会"先发制人"，找出重点的提问进行回答。假如这名学生不肯停下来，但你想停止交谈，你可以表扬该学生或者向其发出邀请："你已经提出了这么多很好的观点，也许你可以一会儿找我进一步谈谈你的看法"或"你发表了很多很好的意见，现在我想听听今天还没有发言的同学的想法"。

如果我们不理解学生的提问，可以请学生解释说明："给我一个例子"或"很抱歉，我没听懂你的问题"或"你的意思是——"不要说"你的提问不清不楚"。如果发现学生的提问以一个错误的假设为基础，也许可以让其他学生点评来指出这个错误。

我们应该怎么应对如此好问的学生呢？

首先，我们应该与时俱进、不断学习，扩大自己的知识量和信息量。时代在飞速发展，各种各样的信息充斥着我们的生活，更影响着孩子的视野和成长。我们教师对时尚元素首先应该要有体验意识，而不是毫不知情，避免当孩子聊起的时候，我们"一问三不知"。要记住，我们是在培养未来世界的人才，所以要具有未来的眼光，而不是局限于过去的"舒适区"。

其次，我们还要机智灵活地应对学生的发问，以培养师生之间的良好关系。哪怕对学生的问题我们一时没有合适的答案，只要我们态度真诚，给自己留有余地，给课堂留白，在课余的互相讨论中再碰撞出火花，这样的师生共学共创或许更加具有创造性。韩愈有言："弟子不必不如师，师不必贤于弟子，闻道有先后，术业有专攻，如是而已。"我们完全可以放下所谓的"面子"，用丰富的生活积累、专业的学科知识和求知求真的态度打造教师素养的"里子"，反而更能受到学生的尊重。

最后，教师最重要的是要保护孩子的好奇心，允许孩子发问。有专家提出"科学家的好奇心比论文重要"，就是这样的好奇心推动了人类社会的进步。"苹果为什么会从树上掉下来"让牛顿提出了万有引力定律，"水开后水壶盖为什么被顶起来了"让瓦特发明了蒸汽机，这些看似不着边际的念头或许正是激发孩子创造力的动力、不断求索的源头。作为教师，我们要允许孩子发问，从而给未来社会发展以及他自己的人生发展提供多种可能性。

应对学生的提问时，教师要做的就是不要挫伤学生的积极性，同时把握课堂主动权，保证课堂活动的正常进行。

教师还有责任鼓励学生提出自己的疑问，并做好引导，让学生提出好问题。"学贵有疑"，发问是求知的起点。课堂上如果没有学生的发问，只是教师一个人滔滔不绝，这样的教育必然不能适应师生共同成长、"教学相长"的需求。如果一名学生在学习过程中总是接受现成的知识而不问任何问题，那意味着他只是在机械地搬运知识，没有进行创造性或深入的思考，这并不利于其未来发展。鼓励学生平日在学习中打好基本功，勤于思考，学会问"为什么、怎么样"，才能引导他们问到"点子"上，问到关键处。能否问出有意义的问题，标志着学习是否进入了高阶段。训练科学的学科思维，这样才能在发问中体会到学习的乐趣。

教育的目的不在于传授和灌输某种外在的知识与技能，而是要从心灵深处唤醒孩子沉睡的自我意识、生命意识，促使孩子创造力的觉醒。学生发问和教师释疑的过程，正是对这一理念最好的诠释。

都说教育人永远年轻，不仅是因为教师一直面对着这个时代最新鲜的血液，更是在于我们在不断学习知识，不断拓宽自己的视野，更新自己的"思想库"。

所以，对于开始提出的那个"面子"和"里子"的问题，我想，不糊弄、不回避，并充分鼓励学生提问，即守住了自己的"面子"；事后对存疑有所交代，在师生共创中找到答案，并补齐自己知识图谱中又一个空白点，便是夯实了自己的"里子"。

关于信仰

主讲人：杜辉

　　信仰是什么？信仰是对某种主张、主义、宗教或某人极其相信和尊敬，并把它奉为自己的行为准则。它可以是一种理想信念，如为了实现共产主义而奋斗终身，为了国家的繁荣富强而奉献自己的力量；它也可以是一种宗教信仰，如佛教、基督教、伊斯兰教等，人们在宗教的教义中寻找心灵的慰藉和人生的答案；它还可以是一种人生态度，如乐观积极、勇敢坚强、善良宽容等，人们在生活中践行这些品质，让自己的人生更加充实和有意义。

　　卢梭在《爱弥儿》第五章中有关信仰的阐述是以自己的内心独白与爱弥儿的真诚坦白的形式呈现出来的。

　　作为一名教师，读完这部分内容，我犹如在教育的漫漫长夜中看到了一座灯塔，它为我照亮了前行的道路，也引发了我对教育工作中关于信仰培养的深入思考。

卢梭在这一部分中，强调了信仰对于个体成长的重要性。他对于信仰的阐述，并非生硬的教条灌输，而是强调引导和启发，让学生自主地去探索和形成自己的信仰。这使我深刻认识到，在教育过程中，我们不能简单地将既定的信仰体系强加给学生，而是要为他们创造一个思考和质疑的空间。真正的信仰应当是源于内心的自觉和认同，而非外在的强制。

信仰的力量是无穷的。历史上，无数的仁人志士为了自己的信仰，不惜抛头颅、洒热血。古有屈原为了楚国的富强，"路曼曼其修远兮，吾将上下而求索"，最终投江自尽，以死明志；今有无数的革命先烈为了实现民族独立和人民解放，前仆后继，英勇牺牲。方志敏同志在狱中写下："敌人只能砍下我们的头颅，决不能动摇我们的信仰！因为我们信仰的主义，乃是宇宙的真理！"他们用自己的生命诠释了信仰的伟大力量，激励着后人不断前进。

德国哲学家康德曾说过，世界上有两件东西能震撼人们的心灵：一件是我们心中崇高的道德标准；另一件是我们头顶上灿烂的星空。信仰便是那崇高的道德标准，它能让我们在纷繁复杂的世界中保持清醒的头脑，坚守内心的原则。

这也在提醒着我，在早期培养学生的过程中，要让他们学会自己尝试、思考和实践，得到自己的结论。相信自己的感觉，思考并质疑，学会理性地分析问题，这样才能尊崇内心的公正和认同。要敢于怀疑权威、敢于理性地对待自己的想法，也敢于理性地对待外界的束缚。

书中提到，信仰的建立应该基于对真理的追求和对人性的尊重。这让我反思自己在教学中的角色，不仅仅是知识的传授者，更是引导学生追求真理、认识自我和世界的引路人。我要帮助学生培养独立思考的能力，让他们能够辨别是非善恶，从而在纷繁复杂的世界中坚守自己的信仰。这是良好人格形成的非常重要的保障。

同时，卢梭还强调了情感在信仰形成中的重要作用。教育不能仅仅是理性的思辨，更需要关注学生的情感体验。一个充满爱与关怀的教育环境，能够让学生更易于接受和内化正确的价值观和信仰。作为教师，我要用真心去关爱学生，让他们在温暖的氛围中感受到信仰的力量。

然而，在现实教育中，我们往往面临着诸多挑战和困惑。社会的多元化和信息的多样性，使学生容易受到各种思潮的影响，如何在这样的背景下引导学生树立积极健康的信仰，是我们亟待解决的问题。我常常犯这种错误，自认为告知学生的目的是让他们少走弯路，并美其名曰"你们是站在前人的经验基础上行事"，殊不知这种生硬的教育方式可能让学生相信一时而非信任一世，当他们发现境况稍有变化，就会冲击他们从教师口中得到的结论，从而产生怀疑和迷茫，继而丢失信仰，不知怎样才是正确的。卢梭的观点为我提供了一个有益的方向，那就是回归教育的本质，关注学生的个体发展，尊重他们的天性和选择，而非生搬硬套地告知学生应当怎么做。

以上是我作为教师的感受。而作为班主任，卢梭的这部分阐述也让我对班级管理有了一些想法。

卢梭在书中提到，信仰不仅仅是宗教教义的遵循，更是一种内心深处的笃定和对生活的价值判断。这让我意识到，在班级管理中，我不能忽视对学生价值观的引导。学生需要有正确的价值观来支撑他们面对学习和生活中的困难与挫折，需要有正确的价值观来帮助他们明辨是非善恶，做出正确的选择。

卢梭主张让学生通过自己的思考和体验去形成信仰，而非生硬地被灌输。这对我管理班级的启示是：在日常与学生的交流中，我不能只是简单地告诉他们应该怎么做，更应该引导他们去思考为什么要这样做，以培养他们独立思考和判断的能力。只有学生自己通过思考领悟到的信仰，才能真正扎根于他们的内心，成为他们行为的准则和动力。在与一位家长的交谈中，我发现这位家长的做法与卢梭的想法如出一辙，他总是鼓励孩子去自己寻求解决问题的做法，并让孩子通过自己的尝试坚定自己内心的判断，从而逐步形成自己的价值观。长此以往，这个孩子非常自信，遇到事情便能够用自己形成的一套理论和观念自信地去解决。

作为班主任，我也深刻感受到自己在学生信仰形成过程中的重要责任。我需要以身作则，用自己的言行向学生传递积极、正确的价值观和信仰。我的一举一动都可能被学生模仿和学习，因此我必须时刻保持清醒，以高尚的品德和坚定的信念为学生树立榜样。当然，我还要时刻提醒他们要以审慎以及理性的眼光看待他们心目中的"权威"做出的判断和给出的行事标准，要思考、判断正确的价值观和信仰。

此外，班级氛围的营造对于学生信仰的培养也至关重要。一个充满关爱、尊重、包容和公正的班级环境，能够让学生感受到人性的美好，从而更容易树立起积极向上的信仰。我应当努力打造这样的班级文化，让每名学生都能在其中感受到温暖和力量，相互影响、共同成长。

读完卢梭的《爱弥儿》第五章有关信仰的论述，我更加明确了自己作为一名教师的责任和使命：在今后的教育教学中，我将努力以更加智慧和包容的方式，引导学生探索信仰的真谛，帮助他们在成长的道路上找到内心的支撑和指引，成为有坚定信仰、道德良知和社会责任感的人。我也更加明确了班主任工作的方向和重点：在今后的工作中，我将更加注重学生信仰的培养，努力为他们的成长点亮一盏明灯，引导他们走向充满希望和美好的未来，让他们成为自信、自立、自觉的一代新人。

在我们的日常生活中，信仰也同样发挥着重要的作用。当我们面临困难和挫折时，信仰给予我们勇气和信心，让我们坚定地走下去。罗曼·罗兰说："最可怕的敌人，就是没有坚强的信念。"当我们面对诱惑和选择时，信仰为我们提供了正确的方向，让我们做出明智的决策；当我们感到孤独和迷茫时，信仰成为我们心灵的寄托，让我们找到归属感和安全感。

然而，在当今社会，随着物质生活的日益丰富，一些人的信仰却逐渐缺失。一些人追求金钱和权力，为了达到目的不择手段；一些人沉迷于享乐和虚荣，失去了人生的目标和方向；一些人在困难和挫折面前轻易放弃，缺乏坚定的信念和勇气。这些现象都值得我们深刻反思。

那么，我们应该如何树立正确的信仰呢？首先，我们要不断学习和思考，提高自己的认知水平和思维能力。通过阅读经典著作、参加社会实践和与他人交流等方式，我们可以了解不同的信仰，从中选择适合自己的信仰。其次，我们要在实践中不断检验和完善自己的信仰。信仰不是空洞的口号，而是要通过实际行动来体现的。我们要在日常生活中践行自己的信仰，做到言行一致、知行合一。最后，我们要保持一颗敬畏之心，尊重不同的信仰和价值观。世界是多元的，每个人都有自己的信仰。我们应该尊重他人的信仰，相互理解、相互包容，共同构建一个和谐美好的世界。

泰戈尔说："信仰是只鸟儿，黎明还是黝黑时，就触着曙光而讴歌了。"信仰是一种力量、一种希望、一种追求。它让我们的生命变得更加有意义，让我们的人生变得更加精彩。让我们在信仰的指引下，勇敢地面对生活的挑战，坚定地追求自己的梦想，为了实现中华民族伟大复兴的中国梦而努力奋斗！

在人生的浩瀚海洋中，信仰如一座明亮的灯塔，指引着我们前行的方向。它是我们内心深处的坚守，是在困境中给予我们力量的源泉，是我们生命中不可或缺的精神支柱。

苏菲的成长

主讲人：魏丽丽

大家好，我是郑州市第七初级中学的魏丽丽，我与大家分享的是《爱弥儿》第五章的第六节——苏菲的成长。

卢梭在《爱弥儿》中，对女性更多的是将之放在一个家庭中、以妻子的身份来看待和要求，在此基础上反思她们需要如何被培养。他以男性的视角，以理想中"贤妻良母"的模样，塑造了苏菲的形象。也正是在此基础上，谈及了苏菲的成长。

18世纪的法国仍处于农业社会，男权势力占统治地位。卢梭从男性的视角提出了其理想的女子教育思想，既超越了现实又存在局限，是其理想与现实作用的产物。苏菲品格善良忠厚，心思细腻敏感，各种品质在她身上配合得很好，使她拥有很好的性格。她的洞察力很强，但对事物的认识不是很深刻；她性情温和，但情绪不是很稳定；她的长相不是很出众，但总是很讨人喜欢；她为人很热情，但从不会说那些虚浮的话；苏菲很聪明，但还称不上聪慧；苏菲考虑事情很周到，但还称不上深刻。与那些受过良好教育的女孩相比，苏菲的语言没有过多的修饰，可凡是和她打过交道的人都会觉得她是个有趣的女孩。苏菲不喜欢随便谈论别人，特别是妇女；她一点儿都不世故，总是待人亲切、殷勤温和、有礼貌、坦率而不做作。在年长的男人和女人面前，她总是沉默以示尊敬，与同龄青年在一起时也是谦逊、正派，不喜欢那些胡闹的话，也绝不接受男青年甜蜜的奉承，只听那真诚的称赞。可见，对苏菲这个人物形象的塑造，是卢梭在当时的社会价值观下，对一个贤惠妻子形象的勾勒。我们或许觉得卢梭此举把女性定义为了男性的辅助者，但纵观卢梭一生，他是在法国贵妇的培育下实现了与上层社会的接触，进而名扬天下，卢梭著述此书或许恰恰表现了他对女性的尊重。

在卢梭生活的时代，大多数的贵妇关注的是交际和奢侈的生活，对于修养、知识及道德等置若罔闻，卢梭希望能改变这种社会风气，他的教育思想基础和核心是"自然教育"，所以苏菲保持自然本真之美，是他心目中理想的女性。抛却因时代局限而落后于我们现阶段生活的部分，苏菲的成长对现实中我们给学生引导正确的成长方向具有重要意义。

1. 应该引导孩子拥有健康的身体

卢梭认为女子应拥有健康的身体。按照卢梭的说法："优雅并不等于病态，而且为了讨人喜欢是不需要变得不健康的。"常年病恹恹的样子还能美吗？《爱弥儿》中卢梭塑造的苏菲就有健康的身体，一次，她和爱弥儿赛跑，爱弥儿没想到苏菲一下子就跑到前面去了，自己如不马上奋力追赶，就会败给苏菲了。可见苏菲体质健康，拥有良好的体能，这也是我们现在社会所提倡的，良好的健康状态是其他一切的基础。

2. 应该引导孩子拥有良好的品德

善良是良好的品德。有一种美，不论它何时何地在什么人身上显现出来，我们虽然摸不到，但能感受到它温暖的光辉，它就是善良。善良是人性中最温暖的底色，它让孩子懂得关爱他人、同情弱者。一个善良的孩子，会主动帮助有困难的同学，会关心爱护小动物，会为他人的不幸而落泪。正如罗曼·罗兰所说："灵魂最美的音乐是善良。"善良的孩子，心中有光，既能照亮自己，也能温暖他人。卢梭认为人生来是美好的，内在的良知在引导着人们散发善性的光辉。《爱弥儿》中的苏菲是个善良、宽容的女子。"人生不如意事十常八九"，只有心态平和，宽容地对待这个世界与他人，我们才能真正获得心灵的平静。而人生真正的幸福，一定是心灵的平静。愿我们的孩子拥有雅量，铸就美满的人生。

诚实是良好的品德。诚实是做人的根本，一个诚实的孩子，敢于面对自己的错误，勇于承担责任。他们不会为了逃避惩罚而撒谎，不会为了一时的利益而欺骗他人。"生命不可能从谎言中开出灿烂的鲜花。"海涅的这句话深刻地揭示了诚实的重要性。只有诚实的孩子，才能赢得他人的信任和尊重，才能在人生的道路上走得更远。

宽容是良好的品德。宽容是一种胸怀、一种气度。孩子在成长过程中，难免会与他人发生矛盾和冲突。一个宽容的孩子能够理解他人的过错，不计较个人得失，能以平和的心态化解矛盾。"世界上最宽阔的是海洋，比海洋更宽阔的是天空，比天空更宽阔的是人的胸怀。"雨果的这句话告诉我们，宽容能让孩子拥有更广阔的世界。

感恩是良好的品德。感恩是一种美德，它让孩子懂得珍惜拥有、回报他人。一个懂得感恩的孩子，会感谢父母的养育之恩，会感谢老师的教导之情，会感谢朋友的陪伴之谊。"滴水之恩，当涌泉相报。"懂得感恩的孩子，心中充满爱，他们会用自己的行动去传递爱，让世界变得更加美好。

培养孩子良好的品德，家庭、学校和社会都肩负着重要的责任。家庭是孩子成长的第一课堂，父母要以身作则，用自己的言行影响孩子，培养孩子善良、诚实、宽容和拥有感恩之心。学校要加强品德教育，通过课堂教学、主题活动等形式，引导孩子树立正确的价值观。社会要营造良好的氛围，弘扬正能量，为孩子的成长提供良好的环境。

3. 应该引导孩子增加智慧

苏菲是个有生活智慧的女性。她用甜美的声音唱着和谐的歌曲，用轻快的双脚迈着活泼的步子，用大方的态度对待遇到的每一个人。智慧不仅仅是知识的积累，更是一种思维方式、一种解决问题的能力和一种对生活的深刻领悟。

爱因斯坦曾说："我没有特别的天赋，我只有强烈的好奇心。"好奇心是开启智慧之门的钥匙，它驱使孩子去探索未知的世界，去追问"为什么"。当孩子对周围的事物充满好奇时，他们会主动去观察、去思考、去尝试。家长和老师可以通过鼓励孩子提问、提供丰富的学习资源和带孩子参加各种实践活动等方式，激发他们的好奇心。

阅读是增加智慧的重要途径。书籍是人类智慧的结晶，通过阅读，孩子可以接触到不同的思想、观点和文化，拓宽自己的视野。一本好书可以激发孩子的想象力，培养他们的情感认知和语言表达能力。家长可以为孩子营造一个良好的阅读环境，陪伴孩子一起阅读，分享阅读的心得和体会。学校也应该重视阅读教育，开设阅读课程，引导孩子养成良好的阅读习惯。

培养孩子的独立思考能力也是至关重要的。在信息多元化的时代，孩子面临着各种各样的观点和意见。只有具备独立思考能力的孩子，才能辨别是非，做出正确的选择。家长和老师可以在日常生活中多给孩子一些思考的空间，鼓励他们提出自己的观点和看法，而不是简单地接受现成的答案。同时，要引导孩子学会分析问题、解决问题，培养他们的逻辑思维能力。

挫折教育也是培养孩子智慧的重要环节。人生不可能一帆风顺，孩子在成长过程中必然会遇到各种挫折和困难。通过挫折教育，孩子可以学会如何面对失败，如何从失败中吸取教训，如何调整自己的心态和实施有效策略。家长和老师可以在孩子遇到挫折时，给予他们适当的支持和鼓励，帮助他们树立战胜困难的信心。

4. 应该引导孩子拥有优雅的气质

卢梭塑造的苏菲表现出五个方面的优雅气质。第一，苏菲没有特别美丽的外貌，但是她讨人喜欢。卢梭描述道："一眼看上去，她几乎是不漂亮的，但越看她，她看上去就越好看。"第二，自然协调的身体。卢梭说："一个女子像黄蜂一样被切成两部分，是没有吸引力的……"身体比例自然协调才是美的。第三，礼貌的举止。卢梭说："女子在与人交往时，要诚恳礼貌，不落虚俗。"第四，优美的语言。卢梭说苏菲"总能使同她谈话的人感到很高兴"。第五，恰当的服饰。卢梭认为女子应该要选择适合自己的服饰。服饰要与人的体形、外貌和年龄相符，要与环境、职业相和谐。而这些美好的展示，都源于苏菲有优雅的气质。那么，一个孩子怎样才能有优雅的气质呢？丰富的知识，良好的语言习惯、道德品行都能给孩子的气质加分。

对于现代的中学生，优雅还有另外一些理解。

　　优雅的气质体现在良好的仪态上。一个抬头挺胸、举止得体的孩子，无论走到哪里，都能给人留下深刻的印象。教导孩子保持端正的坐姿、站姿和行走姿势，不仅有助于其身体的健康发育，更能展现出自信与从容。就像英国诗人莎士比亚所说："一个人的仪态往往反映出他的灵魂。"应从小培养孩子注重仪态，让他们在不经意间散发出优雅的气息。优雅还表现在文明的言行之中。一个说话温和、用词恰当、懂得尊重他人的孩子，无疑具有迷人的气质。鼓励孩子使用礼貌用语，学会倾听他人的意见，不随意打断别人的谈话，这些小小的举动都能彰显出他们的修养。"良言一句三冬暖，恶语伤人六月寒。"优雅的语言如同春风拂面，能温暖他人的心灵，也为孩子自己赢得尊重与友谊。丰富的内涵是优雅气质的重要支撑。引导孩子热爱阅读，从书籍中汲取知识的养分，拓宽视野，培养深邃的思想。一个饱读诗书的孩子，在言谈举止间自然会流露出一种知性之美。同时，鼓励孩子学习艺术，如音乐、绘画、舞蹈等，这些艺术形式能够陶冶情操，提升审美品位。正如法国雕塑家罗丹所言："生活中不是缺少美，而是缺少发现美的眼睛。"通过艺术的熏陶，孩子能够更好地发现美、感受美，进而创造美。内心的善良与宽容也是优雅气质的关键要素。一个有爱心、乐于帮助他人的孩子，散发着人性的光辉。教导孩子关心弱势群体，积极参与公益活动，让他们懂得分享与奉献。同时，培养孩子的宽容之心，引导他们学会原谅他人的过错，不斤斤计较。"海纳百川，有容乃大。"宽容的胸怀能让孩子以平和的心态面对生活中的挑战，展现出真正的优雅。

　　培养孩子优雅的气质，需要家庭、学校和社会的共同努力。家长要以身作则，用自己的优雅言行影响孩子；学校要注重品德教育和礼仪培养，为孩子营造良好的成长氛围；社会则应弘扬优雅文化，树立正确的价值观导向。

从《爱弥儿》里可以发现，卢梭关注到了女性成长的许多方面，从生理到性格，从教育到婚姻。他期望现实中的女性成长为理想中的样子。由于特定的历史背景和思考视角，他对她们的看法也像新旧交替的启蒙时代一样，既有大量传统的部分，又包含了一些我们熟悉的现代元素。无论如何，它们都可以成为通向更多可能性的通道，吸引我们对女性群体的成长有更深入的思考。

时代在进步，现今男女都能享受到一致而平等的教育，我们现在的孩子更易接受新知识、新文化，只有当他们具有内涵美时，才能让自己由内而外地散发真正美丽的气质，因为内涵美永不褪色。

第❻章

爱弥儿与苏菲

在青春的旅程中，我们常常会遇见一个美丽而又神秘的主题——爱情。

爱情是一种奇妙的情感。它可以让人心跳加速，让人感受到无尽的温暖和幸福。当你爱上一个人时，仿佛整个世界都变得更加明亮。你会在意对方的一举一动，为对方的快乐而快乐，为对方的悲伤而悲伤。作为学生，应该怎样理解爱情？

首先，要明白爱情不是生活的全部。学生正处于学习和成长的关键时期，学业是他们当前的首要任务。不要因为一时的情感冲动而荒废了学业。一个有理想、有追求的人，会在合适的时候去追求爱情，而不会让爱情成为自己前进的阻碍。

其次，要学会尊重和理解。在与他人相处的过程中，尊重对方的想法、感受和选择是非常重要的。不要试图去改变对方，而是要学会接纳和包容。同时，也要理解爱情不是占有，而是给予。真正的爱情是希望对方能够幸福，即使这份幸福不是自己给予的。

再次，要保持理性和冷静。爱情往往会让人失去理智，但在面对感情问题时，我们需要保持清醒的头脑。不要轻易做出承诺，也不要被一时的激情冲昏了头脑。要认真思考自己的感情，确定自己是否真的准备好了去承担爱情带来的责任。

最后，要相信爱情的美好。虽然爱情可能会带来痛苦和挫折，但它也会给我们带来许多宝贵的经验和回忆。不要因为一次失败的感情经历而对爱情失去信心，要相信在未来的某一天，你一定会遇见那个真正属于你的人。

然而，爱情并非只有甜蜜。它也会带来困惑、痛苦和挑战。在这个阶段，他们可能会对某个人产生特殊的好感，但这并不一定就是真正的爱情。真正的爱情需要经过时间的考验和沉淀。

青春是美好的，爱情也是美好的。但在这个阶段，学生要以正确的态度去面对爱情，让它成为成长的动力，而不是阻碍。愿大家都能在青春的岁月里，收获美好的爱情和灿烂的人生。

婚　姻

主讲人：于邵华

有一对夫妻，丈夫性格内向，喜欢阅读和思考，而妻子外向活泼，热衷于社交活动。最初，他们因为彼此的不同而产生了许多矛盾，但随着时间的推移，他们逐渐了解并尊重对方的个性，丈夫会陪伴妻子参加社交活动，妻子也会在丈夫阅读时给予安静的空间，正是这种相知让他们的婚姻得以稳固。

这就是《爱弥儿》这部著作，其以细腻的笔触和深刻的洞察，为我们展现了爱弥儿与苏菲的一段独特而引人深思的爱情与婚姻历程。

婚姻是两个人携手踏上的一段漫长而充满挑战的旅程。它既有甜蜜的时刻，也伴随着无数的考验。

婚姻的起点满溢着爱意与憧憬。两个人因爱而结合，许下相伴一生的承诺。那盛大的婚礼、美丽的婚纱和幸福的笑容，仿佛在宣告着一个全新世界的开启。新人们怀揣着对未来的美好期待，步入婚姻的殿堂，开始共同书写属于他们的故事。

在书中，我们看到爱弥儿与苏菲的爱情并非浮于表面的激情，而是建立在对彼此了解和尊重的基础上的深沉情感。这使我深刻认识到，婚姻的基石应当是真正的相知。例如，他们的相处模式揭示了沟通在婚姻中的关键作用。无论是喜悦的分享还是矛盾的化解，都离不开坦诚且有效的交流。就像有的夫妻，在面对家庭财务规划的分歧时，没有选择争吵和冷战，而是坐下来心平气和地交流各自的想法和担忧，最终达成了一致，避免了矛盾的升级。

婚姻需要理解与包容。两个人来自不同的家庭，有着不同的性格和习惯，在相处的过程中，难免会有矛盾和分歧。这时候，就需要双方多一些理解，多站在对方的角度去思考问题。要学会包容对方的缺点，欣赏对方的优点，共同成长、共同进步。

信任是婚姻的基石。漫长的婚姻旅程中会有各种各样的诱惑和挑战。两个人只有相互信任，才能让婚姻更加稳固。要信任对方，相信对方的能力，相信两个人可以一起面对生活中的风风雨雨。

婚姻也需要不断经营。就像一座花园，只有被精心呵护才能绽放出美丽的花朵。偶尔的小惊喜、一次浪漫的约会、一句温暖的话语，都能为婚姻增添一抹亮色。在困难面前，要相互扶持、共同努力，一起渡过难关。

同时，书中描绘了他们在面对生活中的困难和挫折时，相互扶持、共同担当的场景。这让我明白，婚姻绝非一方依赖另一方，而是双方携手并肩，共同承担生活的责任和压力。比如，有一对夫妻，在遭遇生意失败的困境时，没有逃避和互相指责，而是共同努力寻找解决办法，妻子在外兼职以维持家庭生计，丈夫则积极寻求新的创业机会，最终渡过了难关。

此外，爱弥儿与苏菲的婚姻也反映出个人成长与婚姻关系的相互促进作用。他们在婚姻中不断完善自我，同时也为对方提供了成长的空间和支持。有一对夫妻，丈夫在工作中遇到瓶颈，想要放弃现有职业去追求新的领域，妻子不仅没有反对，还鼓励他勇敢尝试，并在他学习新技能的过程中给予帮助，最终丈夫成功转型，夫妻关系也更加和谐美满。

在婚姻关系中，女性往往具有多面性和复杂性。传统观念中，女性可能更多地承担了照顾家庭、养育子女的责任。然而，现代婚姻中的女性，不仅要履行这些传统职责，还要追求个人的事业发展，实现自我价值。就如同前面提到的兼职工作支持家庭的妻子，她在困难时刻展现出了坚忍与担当。

同时，女性在婚姻中的情感需求往往更为细腻和丰富。她们需要丈夫的理解、关心和尊重。一个体贴的丈夫能够给予妻子足够的安全感，让她在婚姻中感受到温暖和幸福。

然而，婚姻并非只有浪漫与温馨。随着时间的推移，生活的琐碎渐渐浮现。柴米油盐的日常、家庭的责任和工作的压力都可能导致婚姻中的小摩擦。曾经的花前月下，可能被忙碌的生活取代；曾经的甜言蜜语，或许变成了偶尔的争吵。但正是这些摩擦与争吵，让婚姻变得更加真实。

亲爱的朋友们，爱弥儿与苏菲是否为您展现了复杂与美好的婚姻呢？您是否更加明白婚姻需要相知相惜、良好沟通、共同担当以及相互成就，方能长久而幸福呢？最后我想说：对于婚姻中的女性，我们应当以更加平等、尊重和理解的态度去对待，才能共同构建和谐美满的婚姻生活。

婚姻是一场爱的修行。在这个过程中，我们会经历欢笑与泪水、喜悦与痛苦。但只要两个人相互陪伴、相互珍惜，就一定能在婚姻的旅程中收获幸福与满足。愿每一对夫妻都能用心经营自己的婚姻，携手走过人生的每一个阶段。

爱弥儿与苏菲的结识

主讲人：李广锐

在老师带着爱弥儿进入群山和幽谷的时候，他们迷失了方向，就是因为此次的迷路，让爱弥儿有了第一次的青春萌动。当爱弥儿未来的岳父讲到自己的爱情故事时，爱弥儿也陶醉其中，书中是这样描述的：当他谈到目前这种隐居生活时，不知不觉就谈到了过隐居生活的原因，以及生活中的痛苦和妻子的忠贞不渝，还谈到了夫妻共同生活的慰藉，以及悠然自在的田间生活，却完全没有提及那个年轻的姑娘。这听起来就像是个动人的故事，所有人听了都会产生兴趣。爱弥儿全神贯注地听着，甚至忘记了吃饭。这是爱弥儿第一次被爱情感染，最后，当这位老实忠厚男主人高兴地说起和端庄的女人的爱情时，爱弥儿竟然忘情地一只手抓着男主人的手，另一只手抓着女主人的手，激动地吻了一下，热泪盈眶。大家感动于这个年轻人的天真无邪。而苏菲也敏感地发现他有一颗善良的心，她私下里观察他的面部表情，他潇洒而不傲慢、灵活而不笨拙，容光焕发，目光温柔，长相英俊。当看到他流泪的时候，她也忍不住要一起哭泣。虽然可以为哭泣找个理由，但她害羞的心制止住了自己，她责怪自己居然为了家里的事而流眼泪。这就是两个青春萌动的少男少女当时的心境。

当爱弥儿听到"苏菲"这个名字，他惊诧万分。这个亲切的名字让他愣了一下，然后他马上清醒过来，急切地看着眼前的这个女孩。苏菲，哦，苏菲！我一直寻找的人就是你吗？你就是我心中所爱的人吗？他仔细地观察她，用一种既羞怯又匪夷所思的神情端详着她。他看到的面孔不是自己想象中的模样，他也不知道这个女孩比想象中的更美还是差些。他全神贯注地盯着她的一举一动，关注她的一言一行，然后找成百上千种理由来解释她的行为。只要她愿意开口，让他付出半条命也无所谓。

读到这里，我们不妨想象这就是我们现实中的初中生，那么哪些孩子容易青春萌动呢？

第一类是性成熟比较早的孩子。现在的孩子生活水平提高，加上媒体信息源的多样化，导致现在的孩子成熟都比较早。要不经常会有家长说，现在的孩子什么都知道，这也是促使孩子青春萌动的因素之一。学校的生物书上介绍人体的结构，其中包括男女的生殖系统，更促使有些同学渴望了解性的知识，性的意识也开始萌动，所以也会有和异性交往的需求。

第二类是那些需要爱和关心的孩子，主要包括单亲家庭子女、父母粗暴管教下的孩子和与父母缺乏沟通的孩子。这几类孩子很容易产生孤独感，得不到温暖，生活在一个冷漠、压抑，甚至受辱的环境里。于是，他们渴望得到他人温暖，而异性的抚慰正可以弥补这一点，使他们尝到了"爱情"的甘甜。敏敏是个活泼好动的初二女生，喜欢舞蹈、唱歌，由于在小学阶段成绩优异，老师们对她很宠爱。在她刚进入初中新环境时，就表现出适应不良，因为在激烈的竞争中，她不再是以前那个"集万千宠爱于一身"的佼佼者。这对她来说本来就很痛苦，可是焦虑的父母此时还要给她压力，每天三句话不离学习。敏敏开始觉得与爸爸妈妈无法交流了，那个曾经温暖、让她感觉踏实的家也不再值得依靠。就在敏敏觉得自己身边变得空荡荡时，同学龙龙出现了。他耐心地帮助敏敏解决学习上的问题，与她交流刚进入一个新环境时的困难。渐渐地，敏敏觉得身边有了依靠，她的苦闷、心事有了倾诉的地方。与此时的家中相比，敏敏开始更留恋学校。近期有一个国外的研究报告显示，夫妇关系不和的家庭的孩子更容易早恋，因为这样家庭的孩子只有一个想法，就是尽快逃离这个家庭，从而去寻找关爱。应该说这一类占的比重是比较大的，进一步印证了"孩子就是家庭的一面镜子"。

第三类是学习成绩不佳，但在其他方面有优势的孩子。学习上不行，他们就在其他方面寻找自己的价值。比如长得帅的男生、长得漂亮的女生，尤其是特长生，像会唱歌、会画画、会弹吉他等，都会成为他和别人比拼的要素。他们参加学校组织的运动会或新年晚会，有可能成为学生们羡慕的对象，那种"单相思"大都是这样萌动的。

第四类是被动性恋爱，他们对外界的抵抗能力较差，当被别人猛追后，常常不由自主地坠入情网。这种孩子内心根本都不知道是不是喜欢，同学们的玩笑或八卦也是此类情况的催化剂。

第五类是喜欢攀比的学生，他们看到自己的同龄人有了男朋友或女朋友，看见他们进出电影院、饭店等。这类学生"交朋友"纯粹是为了体现自己的"能力"。

学生出现了青春萌动后，我们该怎么做呢？

1. 加强中学生的青春期教育，家庭、学校要积极主动

开展青春期教育要注意性知识教育、伦理道德教育和法律知识教育，培养他们正确的人生观和价值观。如果感觉不好意思开口，可以在孩子枕头边放一本这样的书，或写一封信，都不失为一种好的方法。同时，指导中学生异性间的交往，教育学生要懂得自尊、自重、自爱。

2. 家庭教育仍是突破口

作为家长，要不断学习相关知识，不能以自己的经验来处理，用运动变化的观点来和自己的孩子交流，不要老是拿自己的过去作为教育素材，其效果不佳；家庭的和睦与和谐是至关重要的，给孩子更多的关爱和温暖，让孩子在家中就能够享受那份平静与安详，而不需要在外寻找精神寄托；单亲家庭的家长更要经常抽出时间陪伴孩子，给孩子弥补另一半爱的缺失；留守家庭的家长要经常和孩子进行沟通，最好一方留守陪伴，以使孩子顺利度过青春期。

3. 在集体活动或兴趣爱好中找到归属感

鼓励孩子参加集体活动，拓宽兴趣，将情感转移到积极健康的生活中。青春期的学生精力充沛，智力快速发展，兴趣爱好广泛。要把他们旺盛的精力引导到学习方面来，培养他们读书的习惯、参加体育锻炼的习惯，比如让孩子学习一个体育项目，如打篮球、跑步，甚至健身，都是不错的选择，让他们有一个宣泄情绪的途径，若家长能和孩子一起运动，其效果会更好；同时开展丰富多彩的文体活动，使他们的精神有所寄托，旺盛的精力有所释放，特别是学校的集体活动，让他们在集体活动中找到归属感，而团队的规则及与人相处的原则都是从这些活动中体验而来的。最忌讳的做法是"控制法"，不让孩子出门，来回接送孩子，尤其是，现在科技很发达，定位、监控等更使不得，这只能使家长

与孩子之间的距离越来越远，让他们没有一点儿自己的私密空间、自由支配的时间，而以安全、关心为由的控制，只能让他们更加渴望自由。

4. 抓住苗头，防微杜渐

一般来说，早恋的迹象是很多的，只要我们多留心孩子的身心健康，家长和老师是能够及时发现中学生"萌动"的苗头的，要有针对性地做好教育工作，根据学生个性的发展和现实的心理状态进行正确分析、准确判断，在尊重、理解、关怀、信任的基础上，引导中学生自我反省，自觉矫正早恋行为。

5. 让孩子学会拒绝

这个是比较重要的，要教育孩子学会干脆地拒绝，不喜欢就跟同学说，不给对方留下一点余地，否则对双方都是一种伤害。

当然，努力创设一个适合中学生成长的教育环境，防止出现早恋是家庭、学校、社会三个方面综合努力的结果。只有关注学生，密切与家长联系，争取和调动社会各方面的积极因素并加以配合，形成教育合力，才能达到教育的实效。

对照以下七种行为，若有四项以上，就表明孩子有可能早恋了。

1. 孩子变得特别注重穿着、讲究打扮、非常在意发型等，在异性面前有时会表现失常、害羞或激动不已。

2. 花钱大手大脚，经常向父母或家人要钱，或向他人借钱。

3. 课堂上听讲注意力不集中、精气神不足、心事重重，甚至精神恍惚、心不在焉，学习成绩呈下降的趋势。

4. 突然变得滔滔不绝或沉默不语，不能按时就寝，逃避集体活动，不愿与人接触。

5. 打电话，聊QQ、微信的频率大幅度增加；不正常的外出交往明显增多。

6. 行为诡秘，打电话、聊QQ及微信会背着家人进行，好像是在进行"地下工作"似的。

7. 不按时回家、上学，与家人或老师约定的事容易忘记或不准时等。

若有了以上的情况，说明孩子长大了，要开始注意征求孩子的意见了，开始以成人的规则对待他们了，但也不要着急，这是孩子成长路上的一小段，可以按照上面所说的试一试，我们愿意帮助每一个成长中的孩子。

亲密关系的确立

主讲人：任志兵

　　卢梭的《爱弥儿》作为一部探讨教育哲学的著作，在揭示教育真谛的同时，也对亲密关系的确立提出了独到见解。书中以爱弥儿的成长经历为线索，探讨了在不同成长阶段，个体如何与他人建立深入的情感联系，这不仅是对教育过程的反思，也是对人性中亲密关系发展的深度探讨。下面我阐述一下我的理解。

一、初读文本

　　第六章《爱弥儿与苏菲》的第三节"亲密关系的确立"，主要讲述了爱弥儿与苏菲之间的相识、相恋以及热恋期间的故事。卢梭可谓煞费苦心，他一方面希望引导爱弥儿找到合适的伴侣，另一方面又担心爱弥儿为了爱情失去了理智，被情欲支配而忘记自己未完成的使命。

　　在本章节，卢梭架起了爱弥儿与苏菲之间爱情的桥梁，他教会爱弥儿明白他与苏菲之间的财富差距要怎么处理。同时，卢梭也是爱弥儿身边的警钟，多次在爱弥儿冲动的时候给予爱弥儿理智的提醒和教育。

卢梭在这个过程中提出了很多观点，我们把其分为三个阶段，第一，亲密关系建立前，卢梭对伴侣和妻子的选择都提出了要求，他认为，选择伴侣要考虑社会地位、爱好、性格和人品是否合适。他认为选择妻子要选择性情温柔的、有教养的，而不必太看重外貌。第二，在亲密关系建立的过程中，卢梭认为，男性与女性的声誉不能一既而论。比如，作为一名男性，你或许不会理会别人的议论纷纷，女性的名声却依赖于别人的评价。卢梭建议要让你的另一半看见你的所有优点。第三，是亲密关系的维护。要让一种优质的教育对一个人发挥终身的效果，就要让他在童年养成好习惯，并且青年时期能够维持这个习惯。

二、观点评析

接下来让我们对这些观点做出具体分析。

第一，是亲密关系的确立阶段，围绕这一过程的关键词是尊重和理解。首先，我们来看书中的事件，爱弥儿遇见苏菲后坠入爱河，一时间被冲昏头脑，他提出要住在离苏菲最近的地方，就算卢梭提出这样会影响苏菲的名声时，他仍旧坚持要这么做，并认为他的心意和行为能让苏菲感到光荣。在这种情况下，卢梭告诉爱弥儿，在为自己着想的同时，也要为苏菲着想。对爱弥儿而言，他人的议论和评价可能无关紧要，但是苏菲可能会因此失去别人的尊重。从这段对话中，我们可以看到爱弥儿在陷入爱情之初，盲目地由着自己的心意做出行动，却忽略了对苏菲感受的考虑。卢梭适时地提醒了他，才让爱弥儿不至于做出错误的决定。

从卢梭的做法中，我们得到以下启示，爱情产生之初，常常伴随着心动、盲目、鲁莽、冲动，我们迫切地想向对方传达自己的心意，想把一切甜言蜜语说尽，一切浪漫行为做完，总是抱着快一点得到对方回应的心情。但是我们做这些事情的时候，可能会无意间用力过猛，本意想取悦并感动对方，却让对方困扰难堪。因此，在单方面的爱意产生之时，积极地传递信号没有问题，但是在这个过程中要把握好尺度，注意尊重和理解。爱情本来就应该使双方都感觉到舒适愉悦，如果连最基本的被尊重都感受不到，反而因为不加克制的语言、行为感到压力，就更难产生爱意，也就很难再有机会建立起亲密关系了。

第二，亲密关系建立之后，不可避免地会产生情感危机，面对占有欲，我们要提醒自己，不给对方压力。占有欲是亲密关系中的永恒话题。不错，独占喜欢的东西是我们天生的冲动，在亲密关系中想占有对方的全部是再正常不过的了。我们不需要感到羞耻或是愧疚，而是应该直面这一冲动。同时，卢梭也提出，尽管独占喜欢的物品的冲动是人类的本能，但当它变成疯狂的欲望之后，产生的嫉妒情绪就不再是自然的了。我们要区别对待。卢梭认为，爱情跟其他感情不同，它是专一和排他的，这一特性也注定了爱情比其他感情更加容易让人产生占有欲，也就是卢梭认为的嫉妒。面对嫉妒的感情，卢梭认为其发展的程度完全是由个人所受的教育决定的。爱弥儿在产生嫉妒的感情后，并没有施加威胁、胡乱猜忌。温柔腼腆的爱弥儿选择努力感动苏菲，面对情敌，他没有选择憎恨，而是选择守护好苏菲的心。这是因为卢梭从前的教育，让爱弥儿在产生占有欲、嫉妒心理的时候，仍旧清醒地认识到能否取得苏菲的爱在于他自己的美德，继而付出努力。总而言之，在面对亲密关系中不可避免的占有欲时，爱弥儿没有猜忌、责备，甚至强迫伴侣，没有试图提出条条框框，试图把苏菲的身心拴在身边，没有因为猜忌与不信任与苏菲争吵，而是着眼于如何通过努力让自己得到苏菲更多的喜欢，从而维护好两个人的感情。

在现实生活中，伴侣之间常常因为占有欲产生的不信任感而出现感情的危机。在这种时候，正确认识并处理自己的感受十分重要，不猜忌、不强迫，明白爱情产生于一个人的自我意识，它是一种发自内心的情感，别人无法左右，要将目光投到自己身上，通过自身努力得到对方喜欢，并非用对方不舒服的方式留住这段感情。我们唯一能改变的只有自己，对方是否爱上自己，是否继续爱自己，我们没有权力也没有资格强迫对方作出选择。

有时候，过度占有欲的产生，源于其中一方对爱情在生活中的地位的错误认知。亲密关系常常是一段持久稳定的关系，其中的倦怠感往往也是很难避免的。如果想长久地维护好一段感情，首先要做的就是在爱情开始之际保留一部分自我，认识到爱情不应是生活的全部，而是作为生活的一部分，让我们的人生更加丰富美好的存在。爱好与习惯的保持可以很好地提醒我们在亲密关系中保留自我。让孩子在童年养成好习惯并维持下去是很重要的。当我们生活的支点和追求多了，我们才不会轻易被外界的情感欲望干扰，出现被爱情冲昏头脑的现象。现实生活中，有些人一谈恋爱，满世界都是对方，忘记和抛弃了自己原有的爱好习惯，一天到晚都想与伴侣在一起，从而影响了自己原有的生活习惯，其视野、活动，甚至思维都变得局限起来，既不利于自我发展，也束缚了伴侣，给对方带来压力，不利于亲密关系的发展。

卢梭对爱弥儿的习惯养成式教育，使得爱弥儿在热恋期间，仍旧没有放弃原来的好习惯，他仍然是之前勤快好学的爱弥儿。爱情本该是相互支持、相互促进的关系，而不应成为相互制约、阻碍前进的绊脚石。平衡好爱情和生活，找到自我与感情的平衡点，有利于自我满足与提升，也有利于更好地维护一段感情。

三、教育应用

1. 老师对学生的教育

时间：初、高中时期

事件：有一对情侣因为争吵闹分手，导致双方成绩下降。

做法：作为老师要与两名学生谈心，辅导两名学生。在和这两名学生谈心的时候要注意周围的环境，尊重学生的隐私。

我们来具体分析一下这个做法：①对两名学生的感情给予共情，告诉两名学生在青春期的恋爱关系是正常现象，不批评学生的这种行为。②希望学生以认真的态度对待和思考这次恋爱，询问学生开始恋爱的原因与契机，与学生讨论他们是不是真的互相喜欢，还是只是喜欢对方身上的某种外在特点，询问他们开始恋爱是经过深思熟虑还是一时冲动。③与学生讨论他们情侣之间的日常行为，如双方之间的相处如何？他们二人在班上其他人面前表现得如何？他们平时的行为有没有给人留下不好的印象？两人平时的相处给班上同学造成了什么麻烦？这些不好的印象会对他们有什么影响？④和两名学生讨论，他们在恋爱中有没有因为恋爱而没有做好学生的本职工作，因为恋爱而影响到学习的行为是不对的，在恋爱中要保持一定的理智，好好学习是对自己负责，也是对两个人的未来负责。⑤和两名学生讨论这次分手的原因，询问通过这次恋爱，有什么感受与大家分享。在谈话过程中，引导学生意识到要努力提高自己，使自己变得更加优秀，以优异的成绩和人格魅力吸引对方。

2. 父母对孩子的教育

对孩子最好的教育其实就是爸爸妈妈相亲相爱。因为孩子的学习和模仿能力是天生的，他能够从一段好的关系里面去汲取并建立他的亲密关系模式，很自然地学会如何爱、如何被爱，以及如何在亲密关系当中去索取、去付出等。如果我们父母本身就不能处理好自己的亲密关系，孩子在这方面也会是混乱的。比如，当孩子很小的时候，他需要一个玩具，也许没有什么理由，也许就是觉得这个玩具很好看。当他提出这样一个要求的时候，妈妈可能会以价格贵，甚至说是没有理由而拒绝给他买玩具，但在孩子眼中，可能这就是无法理解的事情了。他会想：自己是不是不够好？是不是不配得到这样的一个礼物？这可能会造成孩子过度自卑。在以后的亲密关系中，这样的孩子就很少会去索取，因为他会觉得自己是不值得被爱的。所以从这样一个很小的例子可以看到，亲密关系，特别是原生家庭中的亲密关系正是这样影响着我们。你在这样的一段关系里是如何被对待的，你就会如何定义你自己。

一位母亲给孩子的关于处理亲密关系的建议："你可不能跟男的到没人的地方去，到暗影里去。"父母对孩子进行关心教育时，最注重的是教会孩子在亲密关系中如何自我保护。教育的目的是避免和减少孩子在亲密关系中受到身体上的伤害，要学会平衡好亲密关系和日常生活。

"你自己要感觉舒服，不要为了取悦别人去维护关系。亲吻或者更亲密的行为，只有在你发自内心想要的时候才发生。别人如果说让你做什么，他会更爱你，说明他根本不爱你。亲密关系必须在采取安全措施的前提下，其他都没得商量。"正如卢梭在书中提到的，亲密关系的确定需要尊重和理解，亲密关系的发展需要明辨爱情与自我，在亲密关系中的任何行为都不应该完全出于取悦对方。良好的亲密关系不会让你感到负担和为难，学会拒绝，学会尊重，相互理解，避免为爱情放弃自我，这样才能拥有真正健康的亲密关系。

　　总之，卢梭提醒我们，在追求个人独立和自由的同时，不要忽视与他人建立深层次联系。只有通过真诚交流和理解，我们才能与他人建立起真正的亲密关系，从而体验到人生的真正意义和价值。在这个快速变化的时代里，《爱弥儿》为我们提供了一种思考亲密关系建立的新视角，让我们在追求个人成长的同时，也能珍视与他人的情感联系。

苏菲的苦衷

主讲人：夏霞

对于苏菲和爱弥儿两个年轻人来说，两个初入爱河的少男少女第一次面对爱情，而且属于那种一见钟情的类型，不可能没有苦衷。

苦衷之一：不知道对方是不是接受自己

原文是这样描述的："到现在，他还没得到苏菲公开的回应，她只是侧耳倾听，并未表态。爱弥儿知道苏菲很害羞，对她的沉默也很理解。他感觉，她对他的印象不错，他知道孩子的婚姻大事是由父母决定的，所以以为苏菲在等她父母做决定，他提出想向她父母求婚，而她并没有反对。让他惊讶的是，苏菲的婚姻大事自己说了算，然后他才知道必须得到她本人的同意，他才能得到幸福！于是，他有点儿搞不懂苏菲的意思。他不再自信满满，他之前以为事情有了巨大的进展，结果发现不是这么回事。"

由此我就想到了一首歌《女孩的心思男孩你别猜》，爱弥儿根本

177

搞不懂苏菲到底喜欢不喜欢自己，更不了解婚姻原来是由个人决定的，而且爱情是两个人的事情，必须对方同意了，在那个年代，让一个孩子去理解婚姻大事是比较困难的。由此也让我想到，平常班级里有些学生暗恋对方，女孩没有拒绝，男孩就误认为女孩是喜欢自己的，事实上，女孩是没有直接拒绝，同时也在无意中伤害了男孩，男孩也只是一时好感，并没有希望对方成为自己的终身伴侣，所以那根本就不叫爱情，说早恋就更加荒谬。

苦衷之二：双方家庭背景的差异成了婚姻的障碍

"她记得父母对她的教导。她们家不富裕，而她知道爱弥儿家底殷实。"

"爱弥儿又是如何看待这一悬殊的？他是否知道他家的家底？他怎么会问父母家里有多少钱？"

"爱弥儿完全不清楚苏菲畏惧的原因，以为是自己犯了错。他哪里敢说自己所爱之人性格古怪呢？自信遭到了打击，使他痛苦万分。"

"毫无疑问，她非常关心我；她并不躲着我，还很喜欢跟我在一起；当我去她家时，她显得很开心，我离开时，她表现得很伤心；她由衷地接受我的关心，当我使唤她时，她也很高兴；她会胆大地向我提出意见，有时候还会命令我。不过，对于我的请求，她却一再拒绝。当我勇敢地提起结婚时，她立即严厉地制止我；要是我继续往下说，她就会离开。她希望我属于她，但又不愿意听我这么说，这是为什么呢？她很尊重你，也很喜欢你，她不敢打断你的话，请你去跟她谈谈吧，问问她其中的原因。你要帮帮你的朋友，完成自己的使命，别让你的学生在受了你多年的教导后一事无成。啊！要是你帮不了我，我就会因为你的教导而落得痛苦的下场。"

从这里不难读出，苏菲之所以反对，有一个至关重要的原因，即考虑到财产对人们产生的影响。她认为，有钱人重视财产，胜于其他所有东西。他们宁愿要黄金，也不要美德。当他们衡量别人所做的工作及获得的财产时，总认为前者不如后者多，就算别人付出十分的努力，只要吃了他们给的面包，就欠了他们的债。

这一段文字对我们今天的人来说依然很重要，我们在面对婚姻和爱情时，也会考虑双方家庭的经济条件、学历、三观等因素，可见，不少人在面对爱情的时候，会将物质财富放在第一位，而苏菲之所以有苦衷，是因为她可能认为富人都看重财富而轻视品质。事实上，在面对婚姻时，多数人都会将人品放在第一位，尤其是现在这个比较富足的时代，大家更看重的是个人的人品和责任心。我曾在班级里开展了"我心中的男神与女神"的主题活动，就是想让他们有所启发，树立正确的婚恋观，正确并从容地对待未来的爱情。

苦衷之三："媒婆"能否顺畅沟通成了婚姻的关键

在书中，爱弥儿的老师起到了"媒婆"的作用，书中这样写道："对于老师来说，这真是绝佳的工作！这样的工作让我的人生走上了极高的地位，也给了我前所未有的满足感。此外，它也给我带来了乐趣，因为我很受这家人的欢迎，他们让我观察这两个年轻人是否'发乎情，止乎礼义'。爱弥儿他怕冒犯我，言行都十分小心。苏非给了我真诚的友谊，我只能享受我应得的那份。她通过我，间接地向爱弥儿表示尊敬。正是为了爱弥儿，她对我千依百顺，只要可以向他表示爱意，就算让她去死，她也愿意；而爱弥儿，了解我不会做对他有害的事，因此看到我这样对待她，简直高兴坏了。散步时，要是她拒绝挽着他的胳膊，他也不当回事，因为她为了他而挽着我……他握了握我的手就走了，向我施以眼色，小声地说：'朋友，你可要为我说点儿好话。'"

这个老师的成功助力，让两个年轻人终于向前走了一步，树立了规则，双方进行了约定，"她立下规定，向他发号施令，接受他的帮助而不表示谢意，就连他去看望她的时间和频率都得由她说了算，他只能在特定的一天才能去，最多只能待多长时间。这些都不是开玩笑的，他必须认真执行。她仔细考虑后，才接受了这些权利，所以在执行这些权利时就很严格，到了后来爱弥儿后悔不该把这些权利交给她"。

从这里可以看到，在爱情里，必须是有规则的，只有双方在规则范围内进行活动，才会保证爱情的甜蜜。其实在这里我更想到了生活中的一些不良婚姻，最后都成了爱情的坟墓，就是因为双方在生活里没有规则，或者是有一方任意地制定规则，才让双方在家庭里不平衡，从而失去了婚姻的吸引力。

对于我们老师来说，了解了这些知识后，可以将这些爱情观、婚恋观给青春期的孩子及早进行普及，才能让他们在爱情到来的时候不至于无法应对。

和谐的关系

主讲人：柴嘉盟

提到卢梭的《爱弥儿》，我们最先想到的就是其自然主义的教育观，卢梭强调培养自然人，在原文是这样描述的："自然人不是封建国家的公民，不是局限于某种阶级、某种职业的人，也不是脱离社会的孤独的野蛮人，而是一个有见识、有性格，身体和头脑都健康的人。"在当时的社会背景下，他能提出如此深刻且特立独行的观点，是弥足珍贵的。每一个人都是独立的个体，我们依托于社会、家庭和教育而存在，却真真切切地为自己而生，这个世界从不缺乏年纪轻轻的博士和老态龙钟的儿童，缺乏的是有血有肉且敢爱敢恨的灵魂。

本期我与大家分享的是教育著作《爱弥儿》第六章的第五节——和谐的关系。

卢梭认为，教师是一个崇高的职业，教师必须受过良好的教育，更为重要的是，拥有高尚的灵魂和美好的德行。卢梭将教师称为导师，而导师的意义是"不在于他要拿什么去教孩子，而是要他指导孩子怎样做人。他的责任不是教给孩子们行为的准绳，他的责任是促使他们去发现这些准绳"。

教师不能是医生、哲学家和僧侣，因为卢梭认为，这些人会改变人之天性，"使人自甘堕落，忘记了应该怎样死去"。或许，听起来有些许复杂和绕口，换成浅显易懂的道理来说，就是教书育人，育人在前。我们在之前的教育中，我们更加重视的是高分教育，后来我们将重心转移至德智体美劳中，我们希望他们全面发展。再后来我们发现教书育人的本质并不是通过课本将孩子们的天性束缚，而是释放每一个不同的天性，并不是只有唯一的选择标准，也没有对错可言，但还是有一条无形的线——这就是做人做事的底线，时刻提醒着我们每一个人。而教师的职责本不是压抑孩子们的天性，应该是和他们一起探索，去发现这条"线"的存在以及位置。

教师不应该通过使用权威让孩子屈服。"当你试图说服你的学生相信他们有服从的义务时，你在你所谓的说服当中就已经是掺杂了暴力和威胁了，或者更糟糕的是还掺杂了阿谀和许诺。"教师使用权威使孩子屈服的后果只能是使孩子越来越害怕和逃避教师，不再对教师有信任或成为朋友的关系，甚至为了逃避教师的惩罚而采取奸诈、说谎和虚伪的行为。卢梭主张："要使他了解，使他的行动受到拘束的，是他的体力而不是别人的权威。不要对你的学生进行任何种类的口头教训，应该使他们在经验中得到教训。"这条对父母也是如此。很多父母很严厉，试图通过大声斥责以及不合理的方式，打着"少走弯路""都是为你好"的旗号使孩子们迫于其威严之下，孩子们的叛逆往往也是在这样的环境下形成的。你告诉他们不要打游戏，要好好学习，他们短期之内体会不到没有珍惜最宝贵的时光去学习的懊悔，只会产生反感，下一次玩得更加隐蔽而已。我想这样的场景以及对话一定是家常便饭。在我很小的时候，妈妈告诉我开水瓶的盖子不能碰，我总是试图偷偷玩弄。后来妈妈拿起我的手放在瓶口处，我被烫到了，哭了，知道疼了，这下我记住了。因此，权威换来的屈服，不是永恒的，而实践中所换来的经验教训才是。

本来是讲师生关系中的教师的条件与职责，后来为什么又讲到了父母，正是因为我想起了卢梭在《爱弥儿》中的一句话，他强调父母的责任，真正的保姆是母亲，而真正的教师便是父亲。父母之间的亲密感情在儿童教育中具有弥足珍贵的作用。儿时的依恋关系、学校的同伴关系和社会中的亲密关系，它们之间有必不可少的联系，父母所给予的爱和关怀，是其他外界因素无法比拟的，一个孩子的成长需要的太多，但最重要的一定是陪伴。道理我们都懂，但关于自己的孩子，卢梭却没有按照自己的思想去落实，其中的缘由我们无从了解，但他的思想对我们影响巨大，值得我们不断思考。

总而言之，和谐的关系需要用心去付出、用心去感化，这样，孩子就会顺其自然地成为"既能行动又有思想的人"。

妒　忌

主讲人：柴嘉盟

在人生的广袤花园中，有许多美丽的情感之花，然而，妒忌却如同一根根尖锐的荆棘，悄然生长，刺痛着我们的心灵，也破坏着美好的人际关系。

卢梭是18世纪法国伟大的启蒙思想家，《爱弥儿》是他的重要著作，也是第一本小说体教育名著。该书写于1757年，1762年第一次在荷兰的阿姆斯特丹出版，轰动了整个法国和西欧一些资产阶级国家，其影响巨大。在此书中，卢梭通过对他所假设的教育对象爱弥儿的教育，来反对封建教育制度，阐述他的资产阶级教育思想。本节主要论述人类的一种情感——妒忌。

妒忌是一种复杂而微妙的情绪。它往往在不经意间生根发芽，当我们看到他人拥有我们所渴望的东西时，那一丝羡慕可能会迅速演变成强烈的妒忌。也许是别人出众的容貌、卓越的才华、丰厚的财富，抑或是令人羡慕的人际关系和成功的事业等，我们开始在心中暗自比较，一旦觉得自己相形见绌，妒忌的火焰便被点燃。

妒忌的根源常常可以追溯到我们内心深处的不满足和不安。我们渴望得到认可、尊重和爱，当看到别人似乎轻易地拥有了这些，而自己却苦苦追寻而不得时，妒忌便乘虚而入。它反映出我们对自身价值的不确定，对生活的不满以及对未来的担忧。我们害怕被别人超越，害怕自己在竞争中落后，于是，妒忌便成为一种自我保护的本能反应。

然而，妒忌带来的后果是极其严重的。它会侵蚀我们的心灵，让我们陷入痛苦的深渊。当我们被妒忌占据时，眼中看到的只有别人的成功和自己的不足，心中充满了怨恨和不满。我们无法真正享受自己的生活，也无法感受到身边的美好。妒忌让我们变得狭隘和自私，失去了宽容和善良的品质。

孩子在少年时期本应无忧无虑、天真烂漫，但在从教这几年中，我或多或少都会发现有一些孩子特别容易产生妒忌心理，这种心理使得他们特别容易功利化，与其他同学产生不良竞争。其实孩子有妒忌心理是一种正常现象，因为大多数孩子的思维方式都是以自我为中心的，有很多做法自己也没办法有效去控制和理解，并且很多时候也会受到身边环境的影响。但是如果妒忌心理持续时间长了，人就有可能产生更多的负面情绪，严重的更会做出一些不可挽回的事情。那么孩子究竟是如何产生这种心理的呢？对于我们家庭教育来说，可能会有以下几点原因。

经常和其他孩子进行比较。在孩子的成长过程中，很多家长都犯过这样的错误，或者是有这样的习惯，总是习惯或者不经意间拿自己家的孩子和别人家的孩子比较，不管是从学习成绩上还是从平时习惯上。家长在对比的时候其实有可能已经伤害到了孩子。有的时候，家长在拿自己的孩子和别人家孩子比较时，是出于鼓励孩子，让孩子更努力，或是让孩子变成像人家孩子那么优秀的样子。可能本身的用意是好的，但是在对比的过程中，会无形地伤害孩子的自尊心。孩子也许会想着超越，可是能否超越也不仅仅是个人努力所能决定的，久而久之，孩子就产生了自卑心理。而且这样的话，一方面，孩子会以为父母更喜欢别人家的孩子，另一方面，孩子也会因此而产生妒忌心理。

在人际关系方面，妒忌更是一颗破坏力巨大的炸弹。它会破坏我们与他人之间的友谊、亲情和合作关系。当我们妒忌别人时，很难真诚地为他们的成就感到高兴，反而可能会表现出冷漠，甚至恶意。我们可能会在背后说别人的坏话，试图破坏他们的成功，或者与他们产生隔阂和矛盾。这样的行为不仅会伤害到别人，也会让我们自己陷入孤立无援的境地。

妒忌还会阻碍我们自身的成长和进步。当我们被妒忌困扰时，我们的注意力都集中在别人身上，而忽略了自己的发展。我们没有时间和精力去提升自己，去追求自己的梦想。相反，我们可能会陷入消极的情绪中，自怨自艾，失去前进的动力和勇气。

如果是这样的情况，我们应该如何改正呢？

首先，给孩子足够的安全感。我们要让孩子明白，我们对他的爱是无条件的，而且是不会变的。我们要告诉他，我们爱的是他这个人而不是他的成功。只有这样，孩子才能在内心建立最安全的信任感，他不会为了讨好父母而做出某种行为，也不会为了成功才去参与游戏。同时，给孩子足够的鼓励：我们必须让孩子明白，因为我们很爱他，所以每一次成功，我们会和他一起庆贺；每一次失利，我们也会和他一起寻找原因。其实，如何排除外界的干扰，保持自己的个性与自信，本身就是孩子人生的一门必修课。在面对他人的评判时，要学会接受自己，不去过分在意他人的目光，因为直面自己的缺点，总比盲目妒忌要更有意义。

其次，我们要培养一颗宽容和善良的心，学会为别人的成功感到高兴，真心地赞美和祝福他人。当我们能够以积极的心态看待他人的成就时，我们也会受到激励，更加努力地去追求自己的目标。同时，我们也要学会分享和合作，与他人共同成长、共同进步。

最后，我们要树立正确的人生观和价值观。不要把物质财富、外在的成功和他人的认可作为衡量人生价值的标准。真正的幸福源自内心的满足和对生活的热爱。我们应该追求那些真正有意义的东西，如品德、知识、友谊和家庭。当我们拥有了正确的人生观和价值观时，就不会轻易被妒忌左右。

《爱弥儿》一文中有这样一句话："敦厚温和的性情产生于自爱，而偏执妒忌的性情产生于自私。"上面说了，经常贬低孩子对孩子有严重的负面影响，其实反过来，过分溺爱孩子，同样也有不好的影响。其一，如果孩子明明在某些方面是有所欠缺的，可是你却依然表扬他做得好，那么孩子以后在遇到其他表现更好的伙伴时，就容易产生妒忌心理。其二，溺爱并不是爱，而是对孩子的一种甜蜜的摧残。现在的经济条件比七八十年代的已经好太多了，所以孩子容易获得父母还有老人的过度疼爱，但家长对孩子的过分娇惯、溺爱，纵容孩子为所欲为的坏习惯，会造成孩子的自私性格。

其实，妒忌并不可怕，妒忌心理每个人都会有，但就看后续我们如何去处理这样的心理以及对孩子负面情绪进行正确引导。有人曾说："狮子和蚂蚁一样伟大，小草和人类一样重要。"

然而，我们并非无法摆脱妒忌的束缚。要战胜妒忌，我们需要从内心深处进行反思和改变。我们要学会认识自己的价值和优点。因为每个人都是独一无二的，都有自己的闪光点和潜力。我们不能总拿自己的短处与别人的长处相比，而应该关注自己的成长和进步。当我们认识到自己的价值时，就会减少对别人的妒忌。

妒忌是心灵的荆棘，但我们可以用勇气和智慧将其拔除。让我们努力克服妒忌，用宽容、善良和积极的心态去面对生活，去创造属于自己的美好未来。

爱情的磨炼

主讲人：陈晨

夏日傍晚，阵雨淅沥，和着微风，对《爱弥儿》的一遍遍品读亦如痴如醉。一品，浅尝辄止，拘泥于文字层面；二品，初窥门径，思想上寻求共鸣；三品，开卷有得，动手写出一些感悟。

在不断的品读中，我越发地感受到法国著名思想家、教育家、哲学家卢梭教育思想的可贵之处，在18世纪那个黑暗的专制时代，那种哥白尼式的思想启蒙，是具有划时代意义的，对今天的教育影响是不可估量的。书中把对爱弥儿的教育分为四个阶段：婴儿期、儿童期、少年期和青春期。

本期我结合自身多年的教学经验，试着为大家品读一下第六卷第七章——爱情的磨炼。

爱情，是每个人一生都不易跨越的难题，人类在不断地享受爱情甜蜜的同时，也在接受着双方因爱情而产生的各种考验，就算是卢梭培养的理想式的孩子爱弥儿也不例外，这就是爱情的磨炼。书中的爱弥儿从出生就被卢梭这位家庭教师精心培养，被卢梭自信地称为理智、健康、善良等一切美好的代表，然而，在面对爱情时，他亦无法从容。卢梭提出，在这个过程中，就需要成年人去加以正确的引导，尤其指出，当一个人在初尝爱情的滋味时，所形成的思想理念和处世方式，足以影响他的一生。

爱情，那如诗如画的情感，常常被人们赋予无尽的美好与憧憬。然而，真正的爱情并非一帆风顺，它往往伴随着无数的磨炼，如同在风雨中前行的航船，只有经历了惊涛骇浪的洗礼，才能更加坚定地驶向幸福的彼岸。

爱情的磨炼首先源于时间的考验。当最初的激情逐渐褪去，生活的琐碎与平淡开始占据主导。曾经的花前月下、甜言蜜语，渐渐被日常的柴米油盐所取代。在这个阶段，双方需要学会适应彼此的习惯和节奏，包容对方的小缺点。时间会慢慢磨平爱情的棱角，让它变得更加圆润和成熟。那些能够经受住时间考验的爱情，才是真正经得起磨炼的爱情。

距离也是爱情磨炼的重要因素之一。在现代社会，人们常常因为工作、学习等原因而不得不分隔两地。远距离的恋爱充满了挑战，思念的痛苦、沟通的障碍、信任的考验，每一个问题都可能成为爱情的绊脚石。然而，正是这些困难让相爱的人更加珍惜彼此相聚的时光，也让他们在努力克服距离的过程中，学会了坚持和信任。当两个人最终跨越距离的障碍，走到一起时，他们的爱情也会变得更加坚不可摧。

性格差异同样会给爱情带来磨炼。每个人都是独一无二的个体，有着自己的性格特点和处世方式。当两个性格不同的人走到一起时，难免会产生摩擦和冲突。在这个时候，双方需要学会理解和尊重对方的性格，学会妥协和包容。通过不断的沟通和磨合，找到彼此都能接受的相处方式。只有这样，爱情才能在性格差异的磨炼中不断成长。

家庭和社会的压力也是爱情磨炼的一部分。在现实生活中，爱情往往不仅仅是两个人的事情，还会受到家庭、社会等各种因素的影响。父母的反对、朋友的不看好、社会的舆论压力，都可能让爱情陷入困境。在这个时候，相爱的人需要有足够的勇气和决心，去面对这些压力，坚守自己的爱情。他们需要用行动向周围的人证明，他们的爱情是真诚而坚定的。

然而，爱情的磨炼虽然充满了痛苦和挑战，但它也是爱情成长的必经之路。在磨炼中，相爱的人学会了理解、包容、坚持和信任，他们的爱情也变得更加深厚和牢固。就像经过烈火锤炼的钢铁，更加坚韧和耐用。每一次的磨炼都是一次成长的机会，让爱情在风雨中绽放出更加绚烂的光彩。

当我们回首那些经历过磨炼的爱情时，我们会发现，那些曾经的痛苦和困难都变成了珍贵的回忆，成为爱情中最美丽的风景。因为正是这些磨炼，让我们更加懂得珍惜爱情，更加明白爱情的真谛。在未来的日子里，无论遇到多少困难和挑战，我们都要相信爱情的力量，勇敢地面对爱情的磨炼，让我们的爱情在磨炼中不断升华，绽放出更加耀眼的光芒。

从教十余年，无论是新闻报道、教学实践，都印证着卢梭的观点是很有预见性的。比如，我们在新闻中时常会看到这样的案例：因女朋友要与其分手，而选择轻生，或者选择伤害对方等，这些案例让生者为之扼腕叹息的同时，也凸显了其教育者（包括教师与家长）在爱情方面对孩子的引导教育是不够的。

尤其是初中阶段的孩子们，刚刚进入青春期，因为一些简单的小美好，异性之间互相好奇甚至产生好感，这种现象是非常正常的。然而，对于这种符合年龄阶段人之天性，很多家长和教师都谈之色变，更有人称之为"雷池""红线"，简单粗暴地将这些小美好贴上"早恋"的标签，轻则闭口不提，重则严厉打压，这种围追堵截，极易造成两种消极效果：要么好奇心作祟、逆反心理反弹，"偏向虎山行"；要么成年后，到了需要谈恋爱的阶段，不懂得如何处理两性关系，导致情感受挫，不敢向前。

爱情是美好而神圣的。青春期的孩子单纯且敏感，他们在感到彼此吸引时，不太明白其中的真谛，他们把对彼此的好感与吸引误认为"恋爱"。在我所接触到"谈恋爱"的孩子中，大多数的孩子在最初仅仅是因为对方的某个温暖的眼神、某句善意的言语，甚至会因为一个阳光的笑容而怦然心动，当然，也有一些人是纯粹的"外貌协会"，但是，这样的感情都是不长久且片面的。

作为一名施教者，面对这些孩子，我们的第一反应其实不应该是高高在上地"堵"，而是要放平身子地"引"：引导他们厘清什么是真正的爱情，帮助他们区分什么是适合的时间，教会他们思考如何去做好"爱情"这门人生中的重要功课。

那么，该如何进行引导教育呢?

第一，首先来看爱情的定义：爱情是两个有情个体之间相互爱慕的感情、情谊；两个个体之间相互产生的情感，所体验到的快乐和幸福感。卢梭在书中也对爱情进行了解释：爱情是向对方提出了多少要求，而自己也给予对方多少东西，它本身是一种充满了公平之心的情感。我们之所以爱一个人，是由于我们认为那个人具有我们所尊重的品质。

卢梭的话里包含两层含义：第一，爱情是需要双方付出的，且付出的无论是情感还是其他都应是对等的。而有些不健康的爱情是建立在牺牲一方的基础之上。现代作家张爱玲曾说："见了他，她变得很低很低，低到尘埃里。"低到尘埃里的爱情，双方的付出是不对等的，是不健康的，事实也的确如此。

第二，爱对方是因为对方身上具有令其尊重的品质，在双方的交往过程中，不能为了获取对方的喜爱，而做一些失了原则底线的事，诸如新闻中的一些极端案例，为了留住对方，而做出伤害对方、伤害自己的事情，这种感情绝不是爱情。有这样一种比喻，用来区分喜欢和爱情：如果你喜欢一朵花，你会很想摘下并占有它；如果你很爱一朵花，你舍不得摘下来，而是给它浇水、施肥，呵护并成全它。那么在呵护、成全对方的同时，其实也就完成了自我的成长。

第三，好的爱情应该是选择合适的时间，牵一人白手，而不是短暂的快乐，或彼此伤害。著名作家余秋雨先生曾这样给一个处于恋爱困惑中的高中生回信："爱情非常珍贵，在这茫茫人世间，一定有一个生命特别适合你，她已经来到世间，等着你。为了找到她，你会经历很多事情，周游很多地方，终于如电光一闪，充分成熟的你找到了充分成熟的她，然后互相托付漫长的生命。"余先生强调的是经历很多事，充分成熟，再互相托付漫长的生命。相信读者与余先生的想法是一致的，而中学阶段谈恋爱的时机是不合适的，不对的时间就注定了爱情幼苗的夭折。

青春期的孩子还不够理智，会不自觉地把全部精力放在对方身上，无论是上课的频繁送秋波还是一下课就禁不住凑在一起聊天问好，都是极易分散精力的，而且恋爱初期都是甜蜜的，一旦新鲜感淡去，随之而来的就是矛盾与争吵，心情就会如同坐过山车一般上上下下，这些都会极大地影响他们的心情和精力，从而导致无法专注学习，错过了本该全力汲取知识的黄金时间。中考的岔路口一旦走向最坏的那条，漫漫人生，困难倍增。这也是我们成年人所担忧的事情。

韩愈在古文《师说》中写道："师者，所以传道受业解惑也。"作为一名师者，我们在开展教学工作的同时，不仅仅是要对学习进修解惑，对于孩子们懵懂的爱情同样要解惑。比如，我曾组织开展"说说你心中的小美好"主题班会，谈谈喜欢与爱情的定义，讲讲喜欢与爱的区分，捋捋义务与责任的内容，同时，为避免只听不说，鼓励孩子们讲讲自己羡慕的爱情模范，出乎意料的是，有许多同学对杨绛与钱钟书等"神仙眷侣"的故事竟能娓娓道来……时隔多年，班会结束时，我和孩子们约定要拥有合适、健康的爱情，立下约定后的那个会心一笑的场景历历在目。

教育是一场生活，是教师和学生相互遇见、互动成长的一段旅程。每当引导孩子们纠正一个又一个小偏航、完成一个又一个小目标时，我都由衷地感到骄傲与自豪，因为，从教真的不仅仅是教育孩子，我自己也在不断的感动中成长着。让我们一起为了遇见更好的对方，而努力成长为最优秀的模样。

苏菲的爱情观

主讲人：杨福伟

在爱弥儿成为苏菲的准女朋友之后，他们也在考察爱弥儿的人品，在他们眼里，家里的财富不管有多少，但如果不喜欢乐于助人，没有责任感也是不行的。有一次苏菲和她的母亲就来到爱弥儿工作的地方，对他进行了测试。

在《爱弥儿》一书第六章第八节描述到，苏菲的母亲去问那个木匠："师傅，他们两个人一天能拿多少工钱？"那个师傅回答："夫人，他们一天二十个铜子，包伙食。不过，要是这个年轻人愿意，他还能挣更多的钱，因为他算得上是我们这里最好的工人。"苏菲的母亲一边温柔地看着我们，一边说："一天二十个铜子，还包伙食！"师傅接着说："没错，夫人。"听完这话，苏菲的母亲过去拥抱爱弥儿，泪流满面地把他抱在怀里，叫了几声："我的儿子！我的儿子！"她在不耽误我们工作的情况下，跟我们聊了一会儿，然后对自己的女儿说："时间不早了，我们得回去了，不能让家里人等咱们。"说完后，她走到爱弥儿身边，温柔地抚摸着他的脸说："啊！最好的工人是否愿意跟我们一起回家？"他为难地回答："我跟这个师傅达成了协议，你得去问问他。"于是她去问那个师傅，那个师傅不同意，他说："我们的任务太重，后天就得完成。我相信这两位先生，所以拒绝了其他过来工作的人。要是他们俩都走了，我找不到替换的人，不能如期完工。"苏菲的母亲不言不语，她想听听爱弥儿的说法。爱弥儿低下头也一言不发。他那沉默的样子让苏菲的母亲惊讶，问道："先生，你怎么不说话呢？"爱弥儿温柔地看着苏菲，简洁地回答："没办法，我得留下来干活。"听到这话，她们两个人转身离开了。爱弥儿把她们送到门口，目送至她们的身影消失，长叹一口气，默默地干活去了。

在回家的途中，对于爱弥儿的回答，苏菲的母亲有点儿不高兴，便和她女儿说起这事。她说："为何如此！那个木工师傅就那么难对付，直接走不行吗？而且，爱弥儿本来很慷慨大方，平常时不吝惜钱财，该花钱的时候怎么不舍得花了？"苏菲回答道："妈妈！感谢老天爷，爱弥儿不爱财，所以不愿意用钱来破坏自己的承诺，也不愿意用钱来让自己和别人违背约定！"

从文中这一段内容的描述，不难看出，爱弥儿是一个遵守约定的年轻人，而且也得到了苏菲的认可，给我们当今的教育者来说，就是如何去培养一个有责任心和敢于担当的学生。如果说今天孩子哪种精神品质最重要，我认为就是要有负责的态度，敢于承担责任。今天，虽然互联网技术和人工智能的快速发展，拉低了人与人之间很多工作能力方面的差异，如人们在体力、反应能力、计算能力、搜集信息能力等方面的差距都可以通过现代化技术来弥补，但是当代社会越来越看重一个人的内在品质和社会责任感。

从《9个好习惯成就孩子一生》一书中,我们了解到,从某种意义上来说,一个人负责任的程度决定了他在社会上的重要程度,甚至可以改变人的命运。那么如何让孩子做到自己的责任自己担呢?

一、老师们可以经常这样做

(一)深化责任认知,对自己的行为负责

教师可通过班会、团体活动等形式对学生开展责任认知教育,引导学生明确自己在学校和家庭中所应承担的责任,使学生勇于为自己的行为负责。班会课上,教师可以通过提问,引导学生思考并认识到自己应承担的各项责任。一方面,引导学生思考在学校中的责任,如认真上课、按时完成作业、爱护公共卫生、维护班级秩序等;另一方面,引导学生思考在家庭中的责任,如自主整理卧室、扫地拖地等。引导学生对自己的能力进行评估,思考履行责任的方式,如当作业内容过难而无法独立完成时,可考虑向老师、家长及同伴求助。

在班级活动中,鼓励学生勇于为自己的行为负责。如当学生主动认错误时,教师首先要认可学生主动认错的做法,对学生敢于承担责任的行为提出表扬。除此之外,教师可适当减轻对学生的惩罚,并表明减轻惩罚是由于学生能够主动承担责任。

(二)以角色认同和责任认同推动责任履行

强化学生在校园中的角色可推动学生对角色责任的履行。如可以让纪律不好的学生担任"纪律委员",让其负责在自习课管理班级的纪律情况,从而使其在运用权力的同时约束自己,学会负责。学生在小组内轮流担任组长、学习汇报人、记录员等角色,并建立角色评价和激励机

制，从而提升学生的责任意识。

教师可以在班级中安排"一日班长"的角色，让学生轮流做值日班长，负责管理班级事务，使学生在管理班级事务的过程中深刻体会所需承担的责任，从而增强对班级的责任感。

（三）多元交互联动，激发学生的责任情感

阅读可激发学生的责任情感。教师可给学生推荐相关的故事书，引导学生在阅读故事中充分感受主人公有责任、有担当的形象特点，进而激发学生的责任情感，并促使学生结合自己的学习、生活经历领悟责任，产生责任意识。在班级管理工作中，我们时常会遇到如下情况：每次当我们发现班里的公共物品被损坏而询问学生时，总是无人承认是自己做的，仿佛是展牌自己弄坏了自己，墙面自己划伤了自己……甚至有时已经知道是谁做的了，"肇事者"还要将责任推来推去，不愿承担自己的责任。在此情况下，我们就可以通过以上日常的积极引导方式，提升学生的责任意识。

除此之外，教师可组织开展"责任与担当"主题演讲比赛，鼓励学生认真准备，积极参与，用真挚的情感分享自己心中所理解的对自己、他人、家庭、集体、国家等的各种责任与担当，并讲述自己是如何践行责任行为的，从而使学生在热烈的活动气氛中提升责任情感。

二、家长可以这么做

孩子之所以没有负责的习惯，很大程度上是源于不良的环境和错误的教育。那么父母哪些教育方式容易导致孩子丧失责任感呢？

（一）给孩子过度的物质满足

随着经济的快速发展和物质水平的不断提高，我们早已度过了物资

匮乏的年代，但很多父母还是偏重于对孩子的物质满足。

很多孩子不经过任何努力和付出就能得到自己想要的东西，甚至自己没有想要的东西，父母也早早为他们准备好了。孩子长时间在这种环境中长大，就会把得到的一切当成理所当然，最终会缺乏责任心。

（二）对孩子过度保护

现在的家长安全意识都很高，恨不得时时刻刻守护在孩子身边，有的家长甚至和孩子上街都会用绳子和他（她）拴在一起。保护孩子没有错，但很多家长却超出应有的界限，本属于孩子自己应该负责的事情，却被父母剥夺了做事的机会。比如饭太烫了，给吹凉了送到嘴边；担心孩子在户外奔跑危险，家长赶紧拦下来抱在怀里；怕孩子做家务伤着，干脆连碰都不让孩子碰。

结果是什么呢？父母不仅挡住了所有可能伤害孩子的危险，可连孩子该做的事情和需要锻炼的机会，也都被挡了下来。这样成长起来的孩子缺乏独自承担后果的勇气，也缺乏独自面对问题和解决问题的能力，又怎么能有独立负责的习惯呢？

（三）对孩子过度控制

很多父母喜欢根据自己的意愿，随心所欲地安排孩子的生活，孩子从穿衣吃饭到兴趣爱好都必须按照大人的指令进行。孩子要做什么，不要做什么，自己都作不了决定。他们失去了自我选择的权利，也就没有了自我思考的能力，无法对自己负责。

在这种环境下长大的孩子，往往会迷失自我，他们没有机会尝试对错，自然也不懂得如何去选择。他们长大之后，往往因为缺乏深入思考，而作出"不负责任"的选择，等闯了祸又因为缺乏担当的勇气，而选择逃避责任。

那么如何培养孩子养成负责的习惯呢？这里与老师和家长们分享以下三个好方法：

1. 凡是孩子能够做到的事情，大人不要替他去做

这是著名教育家陈鹤琴先生的观点，他的观点还包括"孩子进一步，大人退一步"等。孩子只有在实践的过程中，才能体会到许多事情是与自己切身相关的。比如，鼓励孩子自己穿衣、洗澡、吃饭、整理书包、爱护小动物、收拾玩具、叠衣服等。孩子开始做不好，也不要指责，而要鼓励和指导。做事的过程也是学习和提高自身技能的过程，而自身技能的提高则是孩子承担责任的能力支撑。

2. 培养孩子必要的生活技能和社交能力

随着孩子一天天长大，父母还要培养孩子学习购物、人际交往等能力。比如，学会合理购物，学会与左邻右舍友好相处，学会组织同伴的集体活动，等等。在这些活动中，孩子会感受到生活的丰富多彩，也会感受到社会的复杂多样，有可能使孩子更有能力适应新环境。

3. 在家庭决策中尊重孩子的参与权

实际上，孩子可以参与的事情，他们才更愿意去做。所以，家庭的许多决策，都需要孩子的适当参与。这样做的结果，也使孩子更具有责任感。

责任感是当今社会最需要的优秀品质之一，它不仅决定一个人在社会上的重要程度，甚至可以改变人的命运。在教育孩子时，如果父母过度满足、过度保护、过度控制，可能导致孩子缺乏责任感。父母要想培养孩子负责的习惯，就需要多给孩子做事的机会，培养孩子必要的生活技能和社交能力，让孩子参与家庭决策。

在家里给孩子安排一个劳动岗位，不求任务重，却要能持久，以此来培养孩子负责的习惯。

情　欲

主讲人：张浩

初识卢梭，起源于学生时期的历史教材，知道他出生于日内瓦，是法国伟大的哲学家、教育家、思想家、文学家，18世纪法国大革命的思想先驱，与伏尔泰、孟德斯鸠、狄德罗、康德等同为启蒙运动的代表人物，主要著作有《社会契约论》《忏悔录》等。

卢梭是一位激进的民主主义者，在法国启蒙思想家中，他对法国封建社会进行的批判最为严厉，最为激烈。本以为他对"民权""公共意志"等社会意识有着自己领先于时代的观点，没想到我读了《爱弥儿》后，发现他对孩子的教育更有自己的独到见解。今天，我为大家分享的是《爱弥儿》第六章的第九节——情欲。让我们一起学习大教育家是如何对待青少年的情感问题的。

卢梭认为，儿童成为成人后，顺应自然地发展，男女青年之间必然会生出爱情，此时的爱弥儿刚满二十岁，苏菲不满十八岁，正是恋爱的年纪，但还不到结婚的时候，而他们却急于成为父母了，所以卢梭和爱弥儿进行了一场理性的灵魂对话。从幸福、美德、法则、欲念等角度，卢梭运用自己深厚的哲学理论，将个人的短暂快乐和生命的长久美好作对比，阐述舍得放弃与享受快乐的辩证关系等，终于让爱弥儿明白了暂时离开苏菲，才是对两个人最好的选择。

不得不说，卢梭真是一个剖析心理的高手。当他看到爱弥儿与苏菲彼此相恋的时候，他深知这两个年轻人还没有他们自己想象得那么好，他非常担忧，但没有直接说出自己的担忧，而是先肯定所有人的最终目的都是追求幸福的生活，然后绕了一大圈才告诉爱弥儿他应该离开苏菲。说实话，刚开始读的时候，我都不知道卢梭"葫芦里卖的什么药"，只知道跟着他的思路走，他说的每一个观点都深得我心。

"在不知道该做什么的时候，最明智的办法就是什么也不做。"

"人之所以要生病，是为了避免更重的疾病。"

"人生之中有许多的烦恼，这是由于我们有所爱好，而不是由于我们有所需求。"

"喜欢的东西越多，痛苦就会越多。"

"重视别人的权利就跟重视自己的一样。"

"怎么样才能算得上一个有美德的人呢？这样的人必须能够克制自己的感情，只有这样，人才能听从自己的理智和善心，并执行自己的天职，做个本分的人，并不为任何理由而违反自己的本分。"

"美德会增加你们爱情的美。"

"一切的欲望，只要你能够控制住，它就是好的；控制不住的话，就变成了坏的欲望。"

"作为一个人，就是要把心控制在你能够达到的范畴内……人们之所以有许多痛苦，就是因为不知节制地追求欲望。"

"一个乞丐也许怀着当国王的梦想，但他绝不会因此而郁闷；一个国王认为自己不只是人，所以才希望自己是神。"

"还没有领略生命的美好，就耗尽了生命的快乐……在希望中得到的乐趣，比未来真正享受到的乐趣要多。"

……

金句频出，随手拈来。

我就像爱弥儿一样，深深叹服于卢梭的语言和逻辑。想想自己作为一个常年游走在未成年人恋爱期的"棒打鸳鸯者"，自己平时遇到学生陷入情感问题是如何处理的呢？最初发现端倪，我会悄悄提醒学生赶紧打住，奈何学生不舍得唾手可得的"幸福"，依旧追求自己的快乐。然后我会找学生挑明态度，找家长公开事态，多方围堵打压，最后却事与愿违。

就在今天中午，有一个同校男孩的家长还在找我要我们班一个女孩家长的电话，理由是这个男孩的家长找不到自己的孩子了。其实这已经不是家长第一次找不到他了。这个男孩平时在学校各方面表现都很亮眼，女孩面容姣好，温温柔柔，刚开始两人的交往还遮遮掩掩，并没有过分之举，但随着男孩的母亲无意中发现了两人来往的小纸条，并一下子公布于众，老师也没有及时设法制止事情的蔓延，导致两名学生"破罐子破摔"，再也不听任何人的话，家长除了打压还是打压，还相互埋怨对方的家长和教育管理方式。结果就造成了两个孩子天天和家长"打游击战"，老师也曾经做过很多工作，讲过很多道理，可是效果甚微。或许他们也明白家长和老师的苦心，奈何却战胜不了眼前的诱惑，不舍得放弃，真像卢梭说的那样，"还没有领略生命的美好，就耗尽了生命的快乐"。

　　其实本篇有关情欲的内容，虽然卢梭说的是针对青年的情感教育处理，但在我看来，里面的很多哲学理念，对于我们这些成年人来说，也同样具有教育意义。对于成年人来讲，世间的诱惑又何止感情这一件呢？明知吃得太多对身体不好，身材走形难看，但还是抵挡不住美食的诱惑；明知打游戏熬夜浪费时间，耽误自己很多学习上进的机会，却还是沉浸其中难以自拔；明知刷手机会淡化自己与周围人的交流，却还是一刻也离不开手机……人生在世，诱惑何其多？我们每一个人都需要卢梭这样一个长者，在我们身处自以为的"幸福"时刻，能够给我们来一场灵魂的洗礼，让我们明白暂时离开，才会让自己更幸福，让我们既领略生命的美好，又享受生命的快乐。这才是对自己、对他人最好的选择。当然，卢梭不是在教我们"佛系"，而是让我们不要去追求无法实现的欲望，对于我们应得的东西，还是应该花费力气去得到的。

　　然而，情欲并非仅仅是盲目的冲动，它也可以是温柔而细腻的情感表达。一个深情的眼神、一次轻柔的触摸、一句贴心的话语都可能蕴含着无尽的情欲。在亲密的关系中，情欲可以成为连接两个人心灵的桥梁，让彼此更加深入地了解和感受对方。它能带来温暖和安慰，让我们在这个纷繁复杂的世界中找到归属感。

　　但情欲也是一把双刃剑。如果不加控制地任由其泛滥，它可能会带来破坏和痛苦。过度的情欲可能会让人失去理智，做出错误的选择。在追求情欲的满足时，我们可能会忽视道德和责任，伤害到自己和他人。因此，我们需要学会正确地管理和引导情欲。

　　理智在情欲的浪潮中起着至关重要的作用。我们要能够分辨出真正的爱与单纯的欲望，不被一时的冲动左右。同时，我们也要尊重他人的感受和权利，不将自己的情欲强加于人。通过自我约束和道德规范，我们可以让情欲在合理的范围内发挥积极的作用。

情欲也是我们成长和自我认知的一部分。在面对情欲的挑战时，我们可以更加深入地了解自己的内心需求和价值观。它促使我们思考什么是真正重要的，什么是我们愿意为之付出努力的。通过对情欲的反思，我们可以不断地完善自己，成为更加成熟和有责任感的人。

总之，情欲是人性中不可忽视的一部分。它既有美丽而动人的一面，也可能带来危险和挑战。我们应该以开放而理性的态度去面对情欲，让它成为我们生命中的一股积极力量，为我们的人生增添色彩和意义。

顺遂助成长　幸福伴一生

主讲人：王少飞

卢梭是18世纪法国的启蒙思想家、哲学家、教育家、文学家。他的代表作《爱弥儿》阐述其对教育的看法，是一本畅销全球的亲子教育经典巨著。卢梭用自然教育观虚拟出男主人公爱弥儿和女主人公苏菲，然后按照儿童的成长规律，从四个时期（0~2岁的婴儿期、3~12岁的儿童期、13~15岁的少年期、16~20岁的青年期）生动地说明每个时期儿童的成长规律和教育重点。

本期我与大家分享的是《爱弥儿》第六章的第十节——结合，这节也是本书的最后一节。第六章，爱弥儿和苏菲从相识到爱情的磨炼，最后结婚，卢梭对两人之间的恋爱描写，文字极为细腻、美妙、传神，当然，整个过程也在阐述作者对女子教育和男女青年爱情教育的自然教育观。

在浩瀚的人类历史长河中，男女结合一直是一个永恒而又充满魅力的主题。它不仅仅是两个人的简单相遇与结合，更是生命的交融、情感的共鸣和人类社会发展的基石。男女结合首先是生命的延续。从生物学的角度来看，男性与女性各自拥有独特的生殖系统，正是这种差异使得生命的延续成为可能。当精子与卵子相遇，一个新的生命便开始孕育。这个过程神秘且奇妙，仿佛是大自然精心设计的一场奇迹。男女双方在这个过程中，共同承担起创造生命的重任，将自己的基因传递下去，为人类的繁衍不息贡献力量。

然而，男女结合远不止于生理层面。在情感的领域里，男女之间的结合更是一种深刻的心灵契合。男性的刚毅与女性的温柔往往相互补充，形成一种独特的情感平衡。男人的勇敢和果断可以为女人提供安全感，而女人的细腻和体贴则能给予男人温暖与慰藉。当两个人相爱并结合在一起时，他们的心灵相互交融，共同分享生活中的喜怒哀乐。在困难时刻，他们相互扶持，共同面对挑战；在喜悦之时，他们一起欢笑，共同庆祝。这种情感的结合让生命变得更加充实和有意义。

男女结合也对社会的发展起到了至关重要的作用。在传统的社会结构中，男性和女性往往承担着不同的角色。男性通常在外面工作，为家庭提供经济支持；女性则负责照顾家庭，养育子女。这种分工虽然在现代社会有所变化，但男女双方在家庭和社会中的作用依然不可或缺。男女结合组成的家庭是社会的基本单位。一个稳定、和谐的家庭可以为孩子提供良好的成长环境，培养出有责任感、有爱心的下一代。同时，家庭也是人们心灵的港湾，在忙碌的生活中为人们提供一个可以放松和休息的地方。

此外，男女结合还促进了文化的交流与融合。不同性别的人在成长过程中会受到不同文化的影响，当他们结合在一起时，这些不同的文化元素也会相互碰撞、相互融合。这种文化的交流不仅丰富了个人的生活，也推动了整个社会的文化发展。例如，在婚姻中，夫妻双方可能会互相学习对方的语言、习俗和传统，从而促进不同文化之间的理解和包容。

然而，男女结合并非一帆风顺。在现实生活中，夫妻之间可能会面临各种各样的挑战和困难。例如，性格差异、价值观冲突、经济压力等都可能给婚姻带来考验。但是，正是这些挑战让男女结合变得更加珍贵和有意义。通过共同努力，夫妻双方可以克服困难，不断成长和进步，使他们的关系更加牢固。

在当今社会，随着时代的发展和进步，男女结合的形式和观念也在不断变化。人们更加注重平等、尊重和理解，追求真正的灵魂伴侣。无论是传统的婚姻模式还是现代的多元化关系，男女结合的核心始终是爱与责任。只有当两个人真心相爱，愿意为对方付出，共同承担起生活的责任时，他们的结合才能长久而幸福。总之，男女结合是生命的延续、情感的共鸣和社会发展的动力。它让我们感受到了爱的力量，体验到了生命的美好。在这个充满挑战和机遇的时代，让我们珍惜男女结合带来的幸福，共同努力，创造一个更加美好的未来。

那么，作为新时期的教育工作者，应该如何去适应这个变幻的时代，给学生做好示范呢？

一、做一名新时期有原则的学习者

在本章节里，作者主要阐述他对爱弥儿爱情观的教育以及培养理念，在爱弥儿即将离开苏菲的时候，作者在书中写道："对于一个诚实、善良的人来说，充满负疚感地离开自己的情人，总会令自己难过，所以他的内疚越大，在被牺牲的人看来，就会越尊重他，他并不害怕苏菲误会他离开的动机，他的每个眼神好像都是在说："亲爱的苏菲，请了解我的心，忠于自己的爱情，你的情人并不是一个没有美德的人。'"作者把忠贞和美德的恋爱原则表达得淋漓尽致。

在新课改下的今天，《国务院关于基础教育改革与发展的决定》（国发〔2001〕21号）指出："继续减轻中小学生过重的课业负担，尊重学生人格，遵循学生身心发展规律，保证中小学生身心健康成长。要加强教学管理，改进教学方法，提高教学质量。"这就要求我们组织有效的教学活动，做好学习的组织者、引导者和合作者，让老师的"教"和学生的"学"得到统一。在教学中，因材施教的教育原则就是解决这个矛盾的最好方法。因材施教原则指教师从课程标准、课程计划出发，面向全体学生，强调的是个体的差异性，体现在"人心不同，各如其面""各优其优，各能其能"，以使每名学生都能扬长避短，获得最佳发展。

二、做一名新时期有格局的学习者

在爱弥儿和苏菲结婚时，作者因为相信苏菲是乐于承担自己的义务而说出爱弥儿不够温柔时，写道："他跪在她的脚边，满面春风地吻着她伸出的手，并且许下诺言，除了忠实于她，还愿意放弃自己所有的权利。"爱弥儿对苏菲说："我亲爱的妻子，你现在已经是我的生命和主宰，请你支配我所有的快乐，就算你不让我快乐，我因此而死亡，我也愿意把我最宝贵的权利交给你，我不需要你处处取悦我，我只想要你的真心真意。"真诚的爱弥儿遇到豪爽的苏菲，他们会用彼此的真爱相伴一生。

2021年9月开始，我们刚从暑假的"休息"状态进入开学状态，全国义务教育学校开始实施"双减"政策，各学校都在探索、实施和调整，"双减"要求的课堂质量、作业减量和课后服务，让我们投入了更多的时间和精力。教师要做大自己的格局，就是在这种快节奏、高强度的工作中站在一个更高的层次（从教育历史改革中）看待教育的变化，从而找到我们努力的意义和价值方向。

三、做一名新时期善执行的学习者

从爱弥儿离开到两人幸福地结婚，爱弥儿最后抱了抱作者说："亲爱的老师，我不久就要做父亲了……我不希望将这种神圣的任务交给他人来完成，即便我能选择一个同你一样优秀的人来当孩子的老师。可我依旧希望你能陪在我们身边，继续指导我们，当我们的老师……因为我已经开始承担一个成年人的职责了。你已经完成了所有你应该做的事情，现在是时候看着我们继续你的事业了。"爱弥儿愿意执行作者亲子教育的自然教育理念，用自己的承诺帮助下一代人"自由"成长。

今年我们是初中毕业年级，为了孩子们更好地成长，我们从暑假开始在年级层面开展"全员育人、全科育人"学生导师制，通过假期前的合理分组，师生间及时有效沟通、积极无私奉献，从小组中每个孩子的实际问题出发，利用语音、视频电话和面谈等方式耐心陪伴与倾听孩子，先建立和谐良好的师生关系，再逐步引导孩子"爱上学习、爱上学校"，让"看见学习、看见成长"的教育理念和"年级成长共同体"理念，帮助孩子在潜移默化中积极健康成长。

"问题不在于教他各种学问，而在于培养他有爱好学问的兴趣，而且在这种兴趣充分增长起来的时候，教他研究学问的方法。在这段时间，也正好使他慢慢养成持久地注意同一事物的习惯。"这正是提醒我们，在传授学生知识的同时，注意调动学生学习的兴趣。只有这样，学生才能热爱、主动学习。引导学生对事物或学习充满好奇心，让学生去体会生活、去体验成长、去发现美、去审视丑，能够透过思考发现学习和生活的价值。我也愿不忘初心继续探求"学数学、做数学、乐数学"的教学主张，用自己的管理理念"三心原则"——有心、用心和耐心，和孩子们一起学习，成长为有原则、具格局和善执行的优秀的新时代学习者，相信我们的每一名学生都会变成幸福的"爱弥儿"。